# 你的情緒陰影面積有多大？

請以直覺回答下列問題，選擇○（是）或×（不是）來作答。

（　）01 你常常覺得別人對不起你，犧牲你的權利。

（　）02 你常常感到心裡有一股衝動，想要破壞現在的生活。

（　）03 你常常自憐自哀，覺得心裡有股說不出的委屈。

（　）04 你常常覺得自己和別人格格不入，找不到一個契合的團體。

（　）05 整體來說，你覺得自己是個自私、甚至有點貪心的人。

（　）06 你希望自己不需要太多努力，就能獲得想要的事物。

（　）07 你覺得自己不想要長大，人生不要負擔太多責任。

（　）08 你會為了向現實環境妥協，而放棄自己的某些原則。

（　）09 你有時會被別人壓迫，或者不小心變成壓迫別人的人。

（　）10 你有時目標設定得過於崇高，以致有些脫離現實。

（　）11 你會希望自己能度過人生難關，成為一個不平凡的人。

（　）12 你會埋怨這世上好像沒有可以保護和引領你的人。

（　）13 你覺得被社會期待壓制住了，卻又期望得到社會的認可。

（　）14 走在路上，你會特別注意那些體能好、長相佳的人。

（　）15 整體來說，你覺得自己是一個自戀的人。

（　）16 你害怕被別人控制的感覺，更害怕掌控欲強的人。

（　）17 你有時會覺得自己個性太過剛烈。

（　）18 你有時會看不起那些個性柔軟，總要靠別人保護的人。

（　）19 你對於自己熱愛的事非常執著，只要是你要的，都要想辦法得到。

（　）20 你害怕和人競爭的感覺，覺得競爭對人際關係是有傷害的。

（　）21 你會不自覺地認同權威者所說的話，有時忘了去思考那是否正確。

（　）22 你覺得自己什麼都做不好，無法比得上別人。

（　）23 遇到事情，你總覺得可以靠自己找到出路，也很喜歡幫別人找出路。

（　）24 你覺得自己有時太過多愁善感。

（　）25 說話時，你會不自覺地加油添醋，好像在講故事一樣。

（　）26 如果有人覺得你無知，你會覺得焦慮，想辦法要吸收更多的知識。

（　）27 你做事天馬行空，但有時不確定自己這樣做是否

（　）30 你覺得自己是個有遠見的人，但也害怕外界質疑你的想法。

（　）31 你認為做事要有條有理，工作時不能表現出情緒化。

（　）32 你害怕和別人太過接近，特別是那些和你不一樣的人。

（　）33 如果你是團體中握有權力的人，你會想要建立屬於你的新制度。

（　）34 對於那些做壞事的惡人，你會希望他們受到相當的懲罰。

（　）35 你會用盡許多方法，來說服那些傳統思維的人接受新觀點。

（　）36 你喜歡挑戰權威，對抗那些你覺得不合理的規定。

（　）37 看到有人正在面臨痛苦，你會覺得自己不能不管他們。

（　）38 在團體中，你有時會覺得自己必須站出來帶領大家。

（　）39 有時候，你會想要幫助別人去成為一個更好的他。

（　）40 你覺得自己常常在服務別人，甚至是討好別人。

（　）41 贏得勝利對你來說，是一件相當重要的事情。

（　）42 你是個難以接受失敗的人。

（　）43 你會察言觀色，做出別人希望你表現出來的模樣。

（　）44 你願意為了追求新事物和新體驗，讓自己的生活增添不安定的因素。

（　）45 你想要的東西，比你現在擁有的還要多。

（　）46 你不喜歡那種依賴別人的感覺。

（　）47 你害怕自己有一天會被別人取代。

（　）48 你害怕別人不喜歡你。

（　）49 你害怕別人不了解你、會背叛你。

（　）50 整體來說，你很喜歡黏著那些你覺得重要的人。

（　）51 你會在喜歡的事物上耗費過多精力，而讓自己感到疲累。

（　）52 你不喜歡等待，希望自己的努力可以趕快獲致成功。

（　）53 你有時會將自己的快樂，建築在別人的痛苦上。

（　）54 你有時會有意無意地參與傷害別人的評論。

（　）55 你有時會生出想要窺探別人私密生活的欲望和舉動。

（　）56 你有時會不相信自己所說的未來願景，對說出口的話感到空虛。

## 計分方式

選〇，該題得分；選 X，該題零分。

1~8 題：每題 1.5 分，屬人性陰影。得分____________

9~20 題：每題 1 分，屬情感陰影。得分____________

21~32 題：每題 1 分，屬思想陰影。得分____________

33~44 題：每題 1 分，屬行動陰影。得分____________

45~56 題：每題 1 分，屬欲望陰影。得分____________

## 畫出你的五角型

1. 將上述五個面向各自算出得分。
2. 五個面向線上，一格代表 2 分，請將各自得分用圓點做記號。
3. 將五個圓點以直線連接起來，即為你的情緒陰影面積。

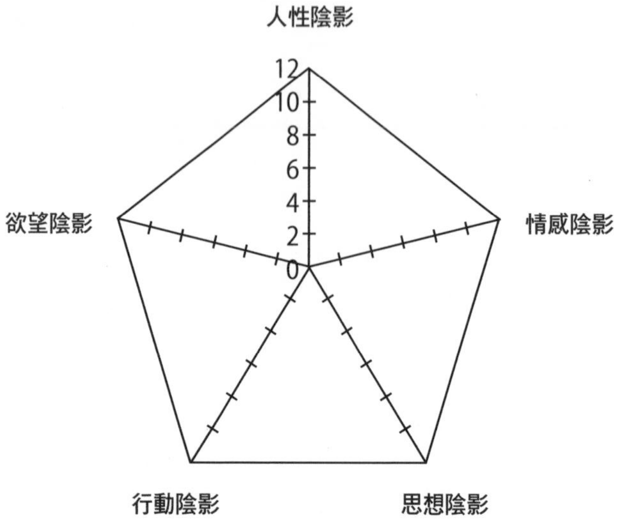


測驗結果解析 ⟶

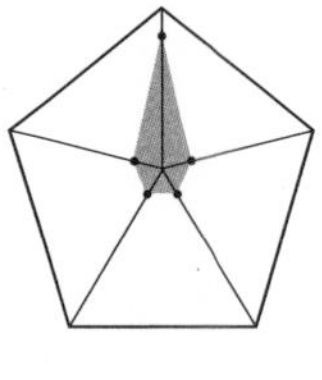

### 瘦高型

（只有人性陰影偏高，其餘分數皆明顯在平均分數之下；或是

你可以覺察到自己潛在的陰影面，是個覺察力較高，並
不過，若人性陰影面分數偏高，表示「情緒陰影」對你
你可能尚未深究自己內在受到影響的面向在哪裡。建議
的了解，多去思考讓自己情緒不舒服的來源。

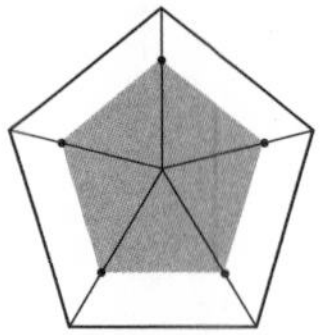

### 強壯型（五個面向的陰影分數都平均偏高）

你的內在陰影面多，可能是覺察力高的人，也可能是情
你的人生課題就在於克服這些會影響你行為處事的陰影
覺察等練習，來增進自己對於各種陰影層面的修通，學
成對生活有所助益的特質與力量。

## 右傾型（陰影內隱型）

情況 1／頭重腳輕者　（情感得分高於思想得分）

你的情緒發作大多與過去所發生的經驗有關，要適時地回頭去整理過去的經驗，發現自己還沒有處理的心結。

情況 2／頭輕腳重者　（思想得分高於情感得分）

你容易被非理性信念給困住，要適時地回去整理自我價值觀的形成脈絡，別讓不適用的信念困住自己。

情況 3／頭腳平衡者　（情感得分與思想得分大致相等）

你可能陷入情感和思想上的矛盾與衝突，平常可以多練習整理自己在情感和信念之間的關連性。

## 左傾型（陰影外顯型）

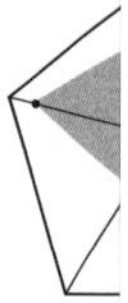

情況 1：頭重腳輕者　（欲望得分高於行動得分）

你的情緒受到環境壓力的影響較大，容易在外在現實與內在原則之間產生衝突，可以將自己的原則盡量濃縮，找出真心需要堅持的那一個。

情況 2：頭輕腳重者　（行動得分高於欲望得分）

你在十八歲以前的某些性格特質，很容易產生某些令自己困擾的衝動，可以檢視你內在小孩的模樣，適時提供自己必要的安撫。

情況 3：頭腳平衡者　（欲望得分和行動得分大致相等）

外在現實和內心過往很容易糾結在一起，形成一股較強大的衝動性力量，可以尋找讓自己平靜下來的、有興趣的事物，會對自己有更深的幫助。

＊右傾和左傾可能混合發生（如：右傾頭重＋左傾頭重）

正確

（　）28 你不喜歡自私自利的人，也不想成為這樣的人。

（　）29 你對自己要求嚴謹，也很能忍受痛苦。

（計分方式與解析請見背面）

# 情緒陰影

## 「心靈整合之父」榮格
## 帶你認識內在原型，享受情緒自由

許皓宜——著

# 目次

contents

第3章

## 那些固執的想法，往往是我們不願接受自己的部分



思想共通原型

**破壞分子原型**

去你的狗屁框架！

思想潛在原型

第4章

## 那些無法控制的慣性行為，和內在小孩相連

# 欲望共通原型

**小丑原型**
我不會讓你們看見真正的我！

## 欲望潛在原型

推薦序

# 持續地自我覺察與追尋

林靜如（律師娘）

我們常在言談中或自我認知裡，會剖析自己：「我是個『○○○○』的人。」像是內向拘謹、外向活潑、熱心助人、愛好世界和平……，但應該很少人會覺得自己是個「情緒化」的人。因為「情緒化」似乎象徵著不講道理、無法溝通、不分是非，沒有人願意承認自己是明知沒理還要硬撐。然而，情緒真的有對錯嗎？

我跟皓宜認識了幾年，覺得和她很有緣分，我們的工作領域看似不同，事實上卻有高度的關連性。我處理的是法律關係，她處理的是心理關係，而兩者都脫離不了要先了解人的情緒。

我一直很喜歡皓宜的文字，總是赤裸裸地把自己的內心深處，不論是光明面或是陰暗面，展露無遺。她從不以一個專家的角度自居，反而常會拿自己當案例告訴大家，人、心、情緒，就是這個樣子，不分好壞，而是一輩子持續地自我覺察與追尋。

在她的文字裡，你可以不停地找到自己投射出的影子，藉以分辨陽光與陰影的來源，進而了解自己、療癒自己。

這本新書亦如是。她依舊不脫那醉心於解析萬物的實驗精神，帶著我們，穿起白袍，試試這樣想、那樣看會怎樣。你或許跟分析心理學之父榮格不夠熟，但沒關係，認識皓宜就夠了。她的文字引領我們重新整理自己的情感經驗，在原始自然的情緒裡，辨識自己的內在原型，讓我們能拉起韁繩、駕馭情緒、主宰生活，找到內在的從容與和諧。

推薦序

# 拾回人生，做情緒的主人

謝文憲（知名講師、作家、主持人）

十二月寒冬的某個晚上，皓宜到中廣為我的新節目「憲場觀點」站台，擔任第一集的受訪嘉賓。訪談間，我打趣地說：「榮格，是我們之間的第三者。」因為無論是上廣播、現場專訪，還是私下聊天，談話間都有榮格的身影。

我私心覺得：「她被榮格附身了！」

我的新節目首集就找皓宜站台，這也說明了我們之間的好交情。我們都在環宇主持節目，我出書會想到她，她出書會想到我，與其說是好朋友，不如說是患難與共的好搭檔。尤其在書市寒冬，我們攜手挺進，屢創佳績。

受訪當天，她自嘲地說：「我的電腦桌面上，有一百個資料夾，隨時隨地只要有新的想法，我就想要立刻寫下來。」對於人與人之間的關係處理，情緒與內在原型的鑽研，皓宜有著異於常人的敏銳觀察。

這就是我佩服她的地方：重朋友、高專業、文字淺顯易懂、案例貼近現實、觀察細膩有見地、待人細緻有溫度。

看完這本《情緒陰影》，覺得比坊間近幾年暢談「情緒」的相關書籍更深入淺出，理由有三：

1. 幫助讀者進行自我分析，是很棒的工具書。
2. 用五十六個原型人物切入情緒脈絡，清晰易懂。
3. 從「辨識原型」，到「理解原型」，再重新「選擇原型」，一次拾回情緒與人生的自我掌控力。

這是職場工作者案頭必備、修復人際關係與自我覺察的一本好書。

導讀

# 我是誰？一場穿越陰影的冒險之旅！

海苔熊（科普心理作家）

「與其當個完美的人，我更想當個完整的人。」榮格曾說。「狀態好的時候追求完美，狀態不好的時候追求完整，這才是人生啊！」焦安溥（張懸）也說過。

問題是，到底怎麼樣才算完整？皓宜的這本《情緒陰影》，用四大類、共五十六個原型，帶我們一步一步來回答「完整」這個問題。

第一步，我們必須先回答：我是誰？

**第一步：我是誰？**

這是一個需要問自己一輩子的問題。心理學家很喜歡把人分成不同的類別，但人是很複雜的，不管怎麼分類，最後都會遇到一個問題：「會不會有些時候我呈現出來的是這個樣子，另一些時候呈現出來的是另外一個樣子？那麼，哪一個才是真正的我呢？」

多年前我問一位研究人格心理學的學者這個問題，記得那時候他給我的答案是：「雖然你有時候比較外向，有些時候比較內向，但如果你大部分的時候，意即你和大部分的人比較起來，你還是偏向外向的那一邊，我們就比較傾向於說你是一個外向的人。」

當年我剛接觸心理學，似懂非懂，但這幾年下來越想越不對勁。

- 什麼叫做「大部分的時候」？
- 「誰」是大部分的人？

某次整理我的研究資料時，看著躺在書櫃裡的那些人格量表，我心想：我心情好的時候，寫出來的可能是一種樣子的我；心情不好的時候，寫出來的可能又是另外一個我；弔詭的是，這些「我」之間可能是彼此互相排斥、矛盾的……

直到我開始接觸了榮格心理學才發現，其實，**所有你呈現出來的樣子都是你**，因為每個人本來就混雜著各種矛盾、複雜、正反兩極的面向。所以，重點不在於「你是誰」，而在於「你怎麼把這麼多複雜的自己進行整合」。

也因此，人格或原型的分類仍是必要的。這本書第一個層次的理解，就是藉由對各種原型的描述來了解自己。

有了初步的了解之後，接著，我們就能在人生不同的時刻思索第二個問題：我**此時**像誰？

## 第二步：我此時像誰？

這本書裡的原型看似複雜繁多，但當你仔細閱讀每一個原型，就可發現都蘊含了盈與缺、正面與反面、光明與陰影、優點與缺點等等。例如，獨立的人也有依賴的一面；耍廢的人也有勤奮的時候；老愛生氣責備的人，其實是為了求好心切；過度照顧他人的人，其實內心可能是嫉妒匱乏的……。而我們所要做的事情，就是在每天的生活中問自己：我現在像誰？現在我顯現的是哪一種原型？又有哪一些原型潛藏在情緒後面蠢蠢欲動？

我知道你可能覺得複雜，來給個「翻譯蒟蒻」好了：「現在的我，光明和黑暗的部分，分別是什麼？」

- 光明的一面：通常你可以活到這麼大歲數，勢必有自己的一套「生存之道」，而這也可能是你個性中光明或正向的一面。
- 黑暗的一面：不可諱言的，所有的光明都蘊含著黑暗（反之亦然），如果你假裝視而不見（眼睛業障重），這個潛藏的陰影就會一點一滴地吞噬你的生活、人際，甚至健康。

因此，在了解自己的路途上必須問的問題是：我的黑暗面是什麼？

什麼時候可以看到自己的陰影呢？通常在「別人惹到你」，或是激起你的情緒時。舉例來說，我有一個同事老愛「給我建議」，一下子要我在會議上不要太過度表現，一下子又想插手我經手的案子等等。幾次合作下來，我慢慢發現，或許現在主導他的是「療癒者」、「友伴」與「萬人迷」的原型，一方面他的過度關心已經越界了，二方面他又希望能夠拉攏我、得到我的支持，三方面又有一點嫉妒我（怕我表現太多而贏得老闆更多的寵愛）；每每跟他相處，我都覺得很累、很煩躁，但還是「無法讓自己不去注意」有關他的事情。怎麼會這樣呢，莫非我是「抖M」（受虐癖）？

後來我終於發現，我之所以這麼注意他，是因為那些原型其實也是我的陰影。這個勾起我情緒的人，就像是一面鏡子，讓我看到了原來我有些時候也會過度涉入別人的決定（療癒者的陰影）、害怕被別人取代（友伴的陰影），並且無時無刻不在渴望獲得別人的喜歡，恐懼有一天不再被看見（萬人迷的陰影）等等。

這些「陰影」看似負面，但許多時候也多虧了它們，我才能夠做一個稱職的領導者，幫助那些心靈需要照顧的人。

所以，這本書第二個層次的理解，就是試著去看見：不論此時此刻你被勾動的、所呈現出來的是哪一種原型，都可能有正反兩面，而這兩面，都有它獨特的功能。書裡每一個原型之後，都附有該原型的檢核自問，正是協助你去看見這些正面與反面的自己。

最後，我們要回答一開始「如何整合」的問題。

## 第三步：我如何平衡？

我曾看過一個廣告，廣告中的女主角因為長期壓抑自己的情緒，不論受委屈或生氣，她都強顏歡笑、都說「沒關係」——沒想到日子久了，她只剩下這個笑得很詭異的一號表情，就像是一只詭異的木偶娃娃[1]。或許她本來是為了人際和諧而戴上微笑的假面具，可是戴久了，卻發現這個面具拔不下來了。

成為一個完整的人，就是**不要只用一個面具在世界上生存**。所謂的「平衡」，就是讓自己不同的人格原型都有出來透透氣的機會，讓那些光明面和陰影面，都可以被看見，都可以上舞台表演。

這本書第二到五章的最後，都附上兩個以上的書寫活動（如果購買圖卡套組，還有五十六張「原型圖卡」的互動遊戲），你可以試著在每一次的自我探索、與夥伴討論的過程當中，漸漸找到平衡光明與黑暗，讓每個原型都有機會出場的方法。

**本書用法（海苔熊私心推薦）**

| 問題 | 我是誰？ | 我此時像誰？ | 我如何平衡？ |
|---|---|---|---|
| 任務 | 我有哪些原型？ | 原型的正反面為何？ | 自我整合 |
| 做法 | 閱讀章節案例 | ● 反思每個原型的「光明」與「陰影」面<br>● 在每個原型最後的檢核自問中探索自己 | ● 進行第 2 ～ 5 章最後的書寫練習<br>● 與朋友玩「原型 56 心靈互動卡」 |

## 在原型的森林裡找回自己

研究自我的心理學家麥康諾（McConnell）等人指出，當你對自己的認識，以及在不同的人面前呈現出來的模樣越多元、複雜的時候（自我複雜度高，high self complexity），你就需要更多的掌控感（self-aspect control）。如果你的個性單純、人生簡單就算了；但若你是一個自我複雜度高的人，在高掌控感的情況下，你的憂鬱程度會比較少、壓力比較小、自尊心比較高、生活適應力較佳，也較少有生理症狀[2]。

換句話說，在複雜的人生裡，你需要更了解自己；而《情緒陰影》這本書，將是自我探索的一個重要起點。

如果生命是一座森林，所謂的完整，就是能夠穿透自己如樹影般的陰影，然後看見，陰影的背面亦是光明。

參考文獻：

1 Naoya Yamaguchi（二〇一七編導），《我接下來該換哪種臉呢？》（*The dolls with attitude*），[廣告裁判]翻譯 https://www.youtube.com/watch?v=iP-mFR3QYFc，原片 https://vimeo.com/210228785。

2 McConnell, A. R., Renaud, J. M., Dean, K. K., Green, S. P., Lamoreaux, M. J., Hall, C. E., & Rydell, R. J. (2005). *Whose self is it anyway? Self-aspect control moderates the relation between self-complexity and well-being.* Journal of Experimental Social Psychology, 41(1), 1-18.

## 56 個原型（海苔熊的閱讀筆記）

| | 子類別 | 原型 | 生命議題 | 光明面 | 陰影面 |
|---|---|---|---|---|---|
| 情感原型 | | 0 受害者 | 反省⟷責怪 | 考驗我們的自覺力，引導我們去看見自己可以負起責任的盲點。 | 遇到事情時傾向於先責怪他人，覺得別人對不起我。 |
| | 自我意象 | 1 霸凌者（不想成為的自我） | 強者⟷弱者 | 不再用極端評價去看待自我與他人。 | 避強求弱，想要把強勢的特質從自己身上排除掉。 |
| | | 2 英雄（想要成為的自我） | 拯救⟷孤獨 | 勇於面對內心的自卑感，朝向自我整合的精神力量。 | 過度理想化自我，而脫離現實的人際關係。 |
| | 權威男性 | 3 神（完美父親） | 完美⟷邪惡 | 不管在任何情境中，都保持對真善美的相信。 | 陷入超越人性的自我期待，關閉情感功能，變得冷酷無情。 |
| | | 4 父親（勇氣權威） | 慈律⟷權威 | 走向外在世界的勇氣，知道自己該做些什麼。 | 對於權威和暴力感到恐懼，覺得總有個聲音在批評自己。 |
| | | 5 皇帝（成功男性） | 出人頭地⟷一文不名 | 能為他人和組織著想，有能力將團體組織起來。 | 被體制壓抑，想獲得認同而無法成為自己，又對權力感到著迷。 |
| | | 6 王子（正向男性） | 優勢⟷失勢 | 先天發展上的體能和才華的優勢。 | 害怕失去天生優勢而感到恐慌，轉向欺壓弱小，缺乏同情心。 |
| | 母性溫柔 | 7 女神（完美母親） | 優雅⟷過度溫柔 | 優雅又具療癒性的柔美力量。 | 放縱又自戀，濫用自己的性感特質。 |
| | | 8 母親（孕育照顧） | 包容關懷⟷吞噬／被吞噬 | 孕育和耐心，愛與關懷，相信自己的情感能被人接納。 | 被吞噬不放、或丟棄不管的恐懼，在「獨立」和「依賴」間掙扎。 |
| | | 9 女皇（成功女性） | 成功⟷控制 | 運用情感的智慧，來解決、協調家庭和組織裡的問題。 | 在剛柔之間感到衝突，或陷入激進的控制欲當中。 |
| | | 10 公主（正向女性） | 柔弱⟷刁蠻 | 美麗而柔弱的女性特質，容易受到旁人保護。 | 與柔弱相對的刁蠻強悍特質，讓旁人感到挫折。 |
| | 愛與競爭 | 11 戀人（全心投入） | 熱情⟷痴狂 | 高度投入的熱情，全心全意為外在人事物奉獻與付出。 | 痴戀與執著，重複童年時期未被滿足的情感，朝向毀滅性行為。 |
| | | 12 友伴（競爭合作） | 同伴支持⟷競爭比較 | 群體生活的學習，能在與他人相處中找到自我的價值和立足點。 | 「競爭」和「被人取代」的害怕，過度敏感以致對人際關係產生恐慌。 |

| | 子類別 | 原型 | 生命議題 | 光明面 | 陰影面 |
|---|---|---|---|---|---|
| 思想原型 | | 0 破壞分子 | 突破委屈<br>⟷<br>衝動破壞 | 面對心裡的自卑感，找到不再自我設限的方法。 | 破壞性衝動，為我們在後天教育環境中所受的壓抑抱屈。 |
| | 學思歷程 | 1 傳道者<br>（規矩） | 遵守規則<br>⟷<br>應該與必須 | 透過遵循某些道理來獲得別人的認同。 | 忽略檢視自己內在遵循的道理是否符合現實邏輯。 |
| | | 2 授業者<br>（專業能力） | 積極學習<br>⟷<br>我不夠好 | 對專業知識的堅持，對自己不足之處的認識。 | 覺得自己什麼都做不好，無法比得上別人的思維。 |
| | | 3 解惑者<br>（挫折） | 求助⟷掌控 | 相信自己擁有能夠走出黑暗的智慧與力量。 | 覺得靠自己無法找到出路，或陷入可以帶領別人的自以為是。 |
| | 思想表達 | 4 詩人<br>（隱喻） | 敏感⟷鑽牛角尖 | 超凡的表現、描繪與感受事物的能力。 | 過於多情而逐漸忽略思考的邏輯。 |
| | | 5 說書者<br>（言語） | 創造⟷迷失 | 善於運用故事元素，想像力豐富。 | 加油添醋，在故事的真實與虛構間感到迷失。 |
| | | 6 書記<br>（記錄） | 整理⟷抄襲 | 善於對知識組織記錄，保存真實。 | 陷入知識焦慮，透過不正當管道來取得知識，對他人造成傷害。 |
| | 內在信念 | 7 魔術師<br>（突破規矩） | 點子⟷不務實 | 以力求變化與超越傳統的思維，去尊重還未理解的非理性。 | 失去自信做為心理上的支撐時，陷入一種脫序或自我懷疑。 |
| | | 8 提倡者<br>（替人著想） | 賣命付出<br>⟷<br>吝於對自己好 | 能將生命奉獻在對公眾有利益之處。 | 對於自私自利的想法感到排斥，甚至不敢接受一丁點「利己」的欲望。 |
| | | 9 修行者<br>（處世平靜） | 尋求平靜<br>⟷<br>自我虐待 | 追求深度心靈層次的堅定力量。 | 過分要求自律嚴謹，忽略自己的需要，落入自我虐待。 |
| | | 10 幻想家<br>（深謀遠慮） | 遠見⟷被質疑 | 放眼未來且具有遠見，可被人信任和依賴。 | 因為外界質疑而放棄自己在思想上的堅持。 |
| | | 11 工程師<br>（按部就班） | 理性⟷不近人情 | 有條有理、按部就班的邏輯思維，不情緒化。 | 過於排斥情感，陷入機械化思維。 |
| | | 12 處女<br>（追求完美） | 自律⟷害怕不完美、玷汙 | 力求完美，努力克服各種外在變數。 | 恐懼與他人親密合一，擔心他人的放縱會汙染自己的純真。 |

| | 子類別 | 原型 | | 生命議題 | 光明面 | 陰影面 |
|---|---|---|---|---|---|---|
| | | 0 內在小孩 | 1 創傷 | 同理⟵⟶報復 | 寬恕與同理他人。 | 自憐自怨和以牙還牙。 |
| | | | 2 孤單 | 獨特⟵⟶渴望認同 | 克服生存恐懼，尋求心靈的自由獨立。 | 渴望尋找代理家庭（家人／親人／情人），依附他人而拒絕成長。 |
| | | | 3 貧窮 | 爭取⟵⟶匱乏恐懼 | 努力向上、積極爭取的動力。 | 因為心裡的缺乏感而自私、憂鬱，或看不見他人需要。 |
| | | | 4 神奇 | 勇氣⟵⟶不切實際 | 相信「凡事都有可能」，面對逆境時能展現出智慧和勇氣。 | 有著「不需要依靠努力和行動力就能獲得」的不切實際幻想。 |
| | | | 5 永恆 | 享受⟵⟶不負責任 | 不讓年歲阻礙自己享受生活。 | 拒絕成長，缺乏承擔與負責的能力。 |
| 行動原型 | | 1 重建者 | | 開闢⟵⟶剛愎自用 | 能夠大刀闊斧，重新建構新事物。 | 透過重建行動來消耗潛藏的破壞性衝動。 |
| | | 2 復仇者 | | 抗議不公⟵⟶過度報復 | 能夠衡量正義天平，從事鋤強扶弱。 | 陷入自以為是的公義，放棄道德，行為偏激。 |
| | | 3 解放者 | | 脫俗⟵⟶霸道 | 能夠不被傳統價值觀捆綁，不從眾。 | 缺乏邏輯思維時，顯得蠻橫霸道。 |
| | | 4 反抗者 | | 反叛⟵⟶過度展演 | 對合法體制的批判性思考與適度反抗。 | 夾帶著個人議題，形成具有「演出」性質的反抗行動。 |
| | | 5 療癒者 | | 關心⟵⟶逾越界限 | 能夠照顧與關懷別人。 | 給予他人所不需要的過度關懷。 |
| | | 6 救世主 | | 使命感⟵⟶需要／被需要 | 具有幫助別人的使命感，並付出行動。 | 僵化的「保護者」姿態和執著於「被人需要」。 |
| | | 7 驅魔者 | | 導正他人⟵⟶逃避自我 | 能把自己或他人從毀滅性的力量中解放出來。 | 責備、怪罪、否定他人，來逃避面對自己的心魔。 |
| | | 8 僕人 | | 服務⟵⟶過度討好 | 心甘情願為他人提供服務。 | 無法肯定、為自己做選擇，而被迫替人服務。 |
| | | 9 戰士 | | 想贏⟵⟶蠻幹 | 遇到困難不退縮，能為自己與他人爭取權利。 | 因為對「戰勝」的執著，而使用蠻力或犧牲道德。 |
| | | 10 運動家 | | 自我超越、守護榮譽⟵⟶體力不堪、意志與欲望分離 | 超越身體和心靈上的限制，釋放內在精神能量。 | 為了保全超越自我的榮譽感，而使用自我欺瞞的詐術。 |
| | | 11 變形者 | | 因人制宜⟵⟶失去自我 | 激動有彈性的生命模式，能隨著情境採取與之相稱的行動。 | 缺乏自我價值的相信而過分變化，導致脫離自己原本的模樣。 |
| | | 12 尋道者 | | 探索⟵⟶飄泊 | 對新事物、新體驗感到好奇且付諸行動。 | 追求一時快感而非真實的滿足，而不斷飄泊流浪。 |

| | 子類別 | 原型 | 生命議題 | 光明面 | 陰影面 |
|---|---|---|---|---|---|
| 欲望原型 | | 0 小丑 | 適應⟷過度偽裝，恐懼被發現 | 一種適應環境的能力，面臨各種人生處境都能保有自己的原則。 | 一種為了在現實環境中生存，被迫放棄精神完整性的恐懼。 |
| | | 1 富翁（金錢） | 創造價值⟷吝於給予／過度揮霍 | 能主動創造事物的價值，感覺身心上的滿足。 | 想要的很多，卻覺得擁有很少，因而吝於與他人分享。 |
| | | 2 乞丐 | 同理⟷無力感 | 克服內在無能為力的那一面，朝向自我的獨立發展。 | 想要依賴別人，又不自覺地評判別人對待我們的方式。 |
| | | 3 小偷 | 拿回自己的⟷剝削他人 | 在各種情境下，都能看到自己身上無可取代的特質。 | 因為害怕被人取代，轉而剝奪別人。 |
| | | 4 萬人迷 | 好好表現⟷怕被討厭 | 從別人的關愛中，找到對自己的愛和喜歡。 | 透過某些手段來誘惑或壓迫別人，使別人喜歡自己。 |
| | | 5 夥伴 | 忠誠⟷怕被背叛 | 渴望人我關係中的忠誠與相互的心靈交流。 | 害怕遭受背叛，或被自我私欲影響而看不見別人的需要。 |
| | | 6 吸血鬼 | 控制 / 依賴⟷勒索 / 被勒索 | 對於危險關係的覺察，並把握機會從中跳脫出來。 | 從別人身上吸取養分直到榨乾對方，而陷入複雜的人我關係。 |
| | | 7 上癮者 | 堅持⟷過度執著 | 從某些具有負面影響的欲望中跳脫出來，找回心靈自由。 | 沉迷於受到欲望捆綁的狀態，和真實的自己越離越遠。 |
| | | 8 賭徒 | 投機取利⟷違背道德 | 判斷那些面臨危機時刻的直覺，讓心靈脫離急功好利的危險。 | 沉迷於短期收獲的成效無可自拔，失去耐性和道德判斷。 |
| | | 9 享樂者 | 嚮往自由⟷只想到自己 | 能夠享受生命中美好的事物，並將此轉為正能量。 | 將自己的快樂，建築在別人的痛苦上。 |
| | | 10 閒聊者 | 好事⟷嫉妒 | 能夠體會不被自己接受的人事物的立場，培養對世界的信任感。 | 因為對別人嫉妒、羨慕和討厭，而參與傷害別人的評論。 |
| | | 11 間諜 | 好奇探索⟷侵犯界限 | 遵守人我分際，不逾越界限去接近引發自己熱情的人事物。 | 偷窺別人的私密生活，侵犯他人界限而不自知。 |
| | | 12 吹牛者 | 勇於夢想⟷誇大現實 | 遵照自己的夢想，不因別人質疑而放棄想要前往的方向。 | 不相信自己所說的願景，對說出口的話感到相當空虛。 |

自序

# 榮格帶給我的「從容」

這是我第二本談論情緒的書籍。

自從二〇一三年出版《教出情緒不暴走的孩子》以來，陸續收到許多讀者的來信，問我什麼時候要寫一本「教出情緒不暴走的爸媽」？我莞爾一笑，因為這確實也是我自身的感受，我從自己的孩子身上、從親密關係之中看見與體會到自己的情緒，最後終於願意承認自己也曾是個情緒暴走的人。

「情緒化」是長久以來藏在我內心深處的痛點，我自己體會過被情緒化教養的經驗，所以也一直很排拒成為這樣的人。偏偏事與願違，從小在人際互動和親密關係的相處中，我發現自己越來越像個情緒化的人，有時感覺沒辦法控制自己的難過和生氣，彷彿理智與身體心靈都是分離的。

從事諮商工作以來，我遇過無數有類似困擾的當事人，大部分的時候，我們會將這怪罪在那些引發我們情緒的人身上，控訴別人做了什麼讓我們感到窒息。但這非但對事情沒有幫助，反而讓我們陷入一種反覆的埋怨當中，忽略了可以從負向情緒上重新找到的正向能量。

非常幸運地，後來我進入心理諮商這個領域，認識了榮格（Carl Jung）、佛洛伊德（Sigmund Freud）、克萊恩（Melanie Klein）這些心理與精神分析領域的大師。佛洛伊德總是勇敢地直視人性深處最黑暗的地方，克萊恩細膩地描述關係中的恩怨情仇，榮格則是以他自己的（痛苦）經驗為示範，告訴我們如何從黑暗中找到踏向光明的力量。這三位心理學大師都是我生命中最重要的導師，尤其是榮格心理學中的「原型」和「陰影」理論，開啟了我追求自我完整，和一系列透過教學進行研究的歷程。

在這段過程當中，我突然發現困擾自己多年的「情緒化」逐漸平息下來。在許多本該盛怒的瞬間，我體會到「自我覺察」的力量，讓原本可能陷入衝突的窘境頓時受到破解。從前我是個很容易有罪惡感的人，一旦覺得自己做出情緒化的行為（尤其是對親愛的人），就會不自覺地陷入沮喪，因此我看似擁有許多，卻很難發自內心感到快樂。但這幾年以來，我逐漸體會到何謂「從容」的態度：**那是一種面對他人質疑時也能覺察自己不需要恐慌的能耐**。當我們學會自我覺察之後，這一切「有能力穩定自己情緒」的經驗都將在我們的生活當中一一發生。

榮格心理學概念，是我在學習穩定情緒、建立正向生活的歷程中最重要的人生信仰，他在《紅書》（*The Red Book: Liber Novus*）中記錄了許多他自己走過情緒低落的經驗，是我面對低潮時總會去翻閱的書籍。雖然榮格理論之深遠，令我不確定自己此生有無可能究竟的一天，但身為一個熱愛心理學研究的學者，我感覺一股內在的召喚，促使我將自己受到榮格啟發之處書寫出來，分享給更多面臨情感和生命困境的朋友們。

在開始閱讀之前，請為自己準備一本小小的筆記本，希望透過閱讀與實作之後，你會更踏實地覺知到那份主導自己生命的力量。

**許皓宜・二〇一七年秋**

只要我能將各種情緒轉化為意象，也就是找到隱藏在情緒背後的意象，我就可能平安心靜。如果繼續讓這些意象躲在情緒背後，或許我會被它們撕碎。

---

**榮格・《榮格自傳：回憶・夢・省思》（*Memories, Dreams, Reflections*）**

前言

# 從「情緒陰影」中「鍊金」，拿回人生的主導權

## 什麼是「情緒」？

我們可以將「情緒」視為一系列的個人主觀經驗，這種主觀經驗包含了個人的感受、思想與行為，也是一種心理和生理狀態的綜合體。

換句話說，我們可以從三個面向來覺察情緒的存在：

首先，你可以從心跳加速、手心冒汗、胸口鬱悶等心理和生理反應，來「感受」到自己的情緒。

或者，你可以從腦中突然閃過的一些「想法」來發現自己的情緒。

再不然，你也可以從自己所做的某些事情（也就是「行為」）來體驗到自己的情緒。

## 情緒是自己可以控制的嗎？

對大部分人來說，常常覺得情緒的出現是突然的、沒有邏輯的，甚至會在一種令人毫無防

備的狀況下進入我們的生活。比方說，我的朋友小棋在臉書上看見他小學同學的全家福照片，明明人家只是分享一下生活近照，根本沒多說什麼，但小棋的心情卻變得非常低落，手指一動，就把他小學同學在網路上給封鎖了（而他們原本還挺要好的）。

我們先停在這裡想一想，你覺得小棋的內心世界發生了什麼，讓他出現這樣突如其來的舉動呢？

是的，或許你已經想到，這是因為當小棋看到同學在臉書上展現出來的「幸福」時，無意識地就連結到自己的「不夠幸福」。雖然他和小學同學表面上並不是一種競爭關係，但他心理上卻不由自主地浮現出兩人正在相互競爭的「意象」。這種無意識的意象，點燃了小棋內心的負面情緒，讓他陷入一種沮喪的、覺得自己事事不如人的狀態當中。

所以說，如果我們總是從意識層面去想像「情緒」，你會覺得「情緒」這個東西似乎是人很難自我控制的；但如果我們是**從無意識的概念去深入「情緒背後的脈絡」，你卻會發現，那些引發我們負面情緒的事件，常常具有某些共通的本質**。也就是說，只要能夠早一步掌握情緒脈絡背後的本質，我們就比較容易在事件發生的當下，覺察到自己真正在意的點是什麼。

用榮格心理學的概念來說，當我們願意去面對心裡的負面情緒時，很快你會發現那些負向情緒的背後，其實連結著我們內心世界的一處「陰影」。此時，如果我們可以不被困在那種不舒服的感覺中，而能更勇敢地再往裡頭踏進去一步時，很快你也會發現那些「陰影」身後，原來暗藏著許多我們還不夠了解自己的地方。

**發現「情緒陰影」背後的自己，有什麼好處嗎？**

當然。

榮格用「鍊金術」來比喻這個歷程：就像古代的鍊金術士，將一些看起來毫不起眼的物質，經過重重的提煉和鍛鍊，從中萃取出黃金等貴重金屬一樣，或許我們生而為人的意義，就是不斷地從自己內在去「鍊金」，把負面情緒的陰影裡頭，那些汙濁不堪的感受、想法和行為，一次次地提取到我們的意識層面，透過接近、覺察、理解、接納，將它們轉化成我們身上獨特而珍貴的特質。

當陰影提煉出來，見了光，就變成一種對生命有價值的滋養。我們不用再困進那些自我責備、和討厭別人的心靈牢獄當中，而能用一種更有彈性的立場，去擁抱各種不同的經驗與事件所要帶給我們的生命意義。

**要如何轉化自己內在的「情緒陰影」，變成正向的力量？**

首先要了解，這些「陰影」是用什麼樣貌出現在我們的情緒和生活當中？知道了「情緒陰影」的樣貌之後，才能進一步學習去掌握它。而當我們真正掌握了心裡的「情緒陰影」，也才能去理解：為何自己始終無法擺脫別人對我們情感上的勒索？為何我們有時會困在對別人所說的話、所做的事的在意當中，無法動彈？為何我們明明排斥某些人事物，卻不由自主地要陷進裡頭去？

為了描述「情緒陰影」的樣貌，我借用榮格心理學中的「原型」（Archetype）概念。所謂「原型」，最初可追溯到柏拉圖所提出的「理型」（Forms）——意指所有真實世界的事物，都可對應到一個相似的典型——以「美」為例，對個人來說，「美」可能代表著美麗的花、美麗的房子、美麗的人……，但「美」所對應的本質卻是一樣的。榮格相信，**宇宙萬物和不同個體之間存在著一個相似的通則，但在每個人身上又以獨特的方式展現，因此人們的成長會經歷一些既定的序列；這種既定序列與共通性的呈現，就是「原型」**。

如同先前提過的，當我們仔細梳理負面情緒背後的脈絡，會發現：你、我、他之間存在著某些共同性，並且在我這個人身上也有一些可依循的相似原則。比方說，遇見做事情囉哩囉嗦的人，即便是不同對象，都會令我感到不耐煩，所以每遇到這種特質的人，我的口氣就會變差——因此，從「囉哩囉嗦」到「口氣變差」，就是一個在我身上值得去探究的心靈序列。然而，對於囉哩囉嗦的人感到不耐煩這點，可能又同時存在於我和老王及老李的身上，可見我和老王及老李的內心世界，或許有某些值得一起討論的共同本質。當然，上述的例子都和「情緒陰影」有關。

我從二〇一四年到臺北藝術大學任教後，便認識了美國心理學家卡洛琳・密絲（Caroline Myss）藉由榮格心理學的「原型」概念所設計出來的「原型卡」（Archetype cards），其中以七十四個人物來描述存在於我們身上的不同特質。

這幾年來，我嘗試將卡洛琳設計的原型卡融合到我所開設的「心理覺察與書寫」課程中，透過人物原型的意象討論，促發學生自由聯想與書寫，並且從書寫的過程中，發現這些原型人物與他們內在負面情緒的關連。

經過多個學期的課程改良，累積了數百名大學生和社區成年人對於原型人物的書寫資料；加上我在臨床工作上的案例搜集，以及心理分析領域同儕夥伴的協助，我將卡洛琳所描繪的人物原型形象濃縮刪減，再與「情緒陰影」的概念相結合，以符合華人文化的描述方式修正或重新命名。最後整理出來的成果，都被我寫進《情緒陰影》這本書中。

## 從《情緒陰影》這本書中，可以學到什麼？

《情緒陰影》是一本協助讀者進行自我分析的心理工具書，裡頭包含幾個部分：以原型人物來描述我們內在「情緒陰影」的樣貌與特質；以諮商式的書寫技巧來覺察存在於內心世界的「情緒陰影」；另外，讀者也可以運用「原型56心靈互動卡」，以原型卡的情境互動遊戲來解決「情緒陰影」為我們生活所帶來的困擾。

因此，在閱讀的過程中，建議讀者可以著重在下列幾個部分：

1. 辨識出那些影響你深遠的原型人物形象，以及這些原型意象和你個人生命經驗的關連。
2. 隨著書中引導，練習自由聯想、自我對話與書寫，反覆理解那些特別容易觸發你情緒的原型意象。
3. 透過各種生活情境的討論，整理那些對你而言特別容易展現於外的強勢原型，以及容易壓抑在內心的陰影原型，重新選擇出有能力陪伴你調節情緒、自在過生活的原型組合。

是的，在這本書中，我們就是要進行一場扎實的自我分析與覺察之旅。

從「情緒陰影」著手，為自我鍊金。祝福我們每一個人，都能成為更自由的「我」、更喜歡自己的「我」，以及，更快樂的「我」。

> 只有不理解黑暗的人，才會恐懼夜晚。透過理解你內在的黑暗與神祕，你會變得簡單純粹。
>
> ——
>
> **榮格．《紅書》**

第 1 章

# 認識情緒陰影

## ——我們身上都有，卻不太願意承認的那部分

## 當我們遇上那些無法真心擁抱的負面時刻？

在日常生活情境裡，有某些時刻，會讓我們掉入負面的情緒狀態中。比如下面幾個例子：

丈夫長年在大陸經商的王太太說：

「我和先生有一個獨生子，因為兒子和他爸爸相處的時間非常少，所以兩人之間的關係始終沒辦法親近。

我是個虔誠的教徒，兒子也在主日學長大，誰知道他上了國中以後，突然變得非常叛逆，以前那個乖巧的兒子突然就不見了。這個時候剛好先生結束大陸的生意回到臺灣，父子倆的衝突日益擴大。

我感到非常傷心，尤其每次看到先生要追著兒子打時，就一陣心痛，但又覺得自己沒有能力阻止，不知道未來該怎麼辦才好？」

身為上班族的阿翔說：

「我是個做事非常認真的人，不管是上學、工作都不會遲到早退，盡量謹守自己的本分，提前把該做的事情完成。

最近我遇到一個非常投機取巧的同事，做事情都不按該有的規則來，可是老闆卻非常喜歡他。偏偏這同事就坐在我旁邊，所以我總會看到他用一種隨意的態度去面對工作上的事務，可是他向老闆報告自己的工作成果時，又是一副自己多麼了不起的模樣。令人失望的是，老闆卻肯定他這種做事方法。

我不禁開始懷疑，這種主管真的是值得我為他賣命的人嗎？很多時候我都覺得，自己是不是乾脆離職算了？」

已經當了主管的家賢說：

「每天早上開車前往公司的路上，對我來說都是相當煎熬的時刻。

我最討厭遇上一些駕駛，要不就車子緊挨著我的車尾巴開，要不就突然從我身邊插隊超車。每次遇到這種人，我就會忍不住緊跟著旁邊的車，怎麼都不肯讓他們插隊進來，如果有人硬要插進來，我都會長按喇叭來表達我的不高興，我覺得這個司機應該為他的行為向我道歉。

然而，每次我這麼做之後，我都感覺到自己心臟撲通撲通地越跳越快，手指尖有點發麻，久久不能平復。」

身為講師的安琪說：

「我常常覺得自己是一個很糟糕的人。昨天我上台報告。在那之前，我覺得自己準備得相當充分，在家也做過事前的演練，但實際上台後，我覺得自己說話變得沒有邏輯，台風也不夠穩健。雖然聽眾說我表現得不錯，但我還是非常沮喪，我怕他們都只是在安慰我而已，並不是真的欣賞我。」

諸如此類的例子，在我們的生活中不勝枚舉。情緒就像我們心頭不請自來的烏雲，轟然雨下將人淋個莫名，如果你沒有能力打傘，或者找到路邊一隅歇腳的屋簷，大雨就會淋得你渾身顫抖，沾染風寒乃至於生起大病。

甚至有些時候，你可能自以為帶了一把好傘，在情緒當頭時不斷默唸：「深呼吸，冷靜，深呼吸，冷靜……」誰知這把傘撐起來時，你才發現它破了一個大洞，遮不了雨不打緊，還害你在雨中的希望幻滅，心情更加沮喪。

有趣的是，明明是把破傘，你卻偏偏老是忘了丟棄（或捨不得丟棄），然後大雨天又帶著那把破傘出門，再次變成在雨中咒罵的落湯雞。

依照心理學的概念，當我們陷入負面情緒狀態時，無意識裡頭不被自己所理解與接納的內容，會使我們的邏輯思考失去正常運作的功能，讓我們經驗到災難化的感受，表現出情緒化的想法與行為，將人帶往烏雲籠罩、伸手不見五指的無助感中，甚至產生一些可能讓我們事後感到懊惱的後果。背後的元凶，正是「情緒陰影」。

## 如何運用「情緒陰影」，來解決受到情緒干擾的日常生活？

簡單來說，**「情緒陰影」就是我們心靈深處的「雜質」，當我們經歷現實環境下的某些經驗時，這些存在於無意識裡的雜質會和現實中的經驗相互碰撞，進一步引發我們內在特定的情緒反應**。比方說，「權威式的長輩」常常會使許多人產生情緒反應，有些人的反應是「害怕（退縮）」，有些人卻是「頂撞（前進挑戰）」。換句話說，「權威」可能是很多人內在共通的心靈雜質，但這個雜質所引發的反應，卻會用各種不同的情緒樣貌來干擾我們的生活。

為了理解「情緒陰影」的共通性，以及內在受到這些心靈雜質擾動後所發展出的情緒脈絡，我們可以用「原型」的概念來具體化這些心靈雜質（也就是「情緒陰影」）的意象，並整理出「情緒陰影」的四種發展方向：

### 1.「情緒陰影」會以一種重複過去「情感經驗」的方式，呈現在現今的人際關係中。

比如，上述案例中王太太的描述，你可以發現，王太太其實已經說出自己的困擾，與丈夫長年不在家是相關的。這種家庭中的父親／丈夫角色的缺席，如果用邏輯來進行思維，不是等丈夫回來以後透過多相處來增進彼此情感就解決了嗎？父子關係不和睦，就靠長期與兒子相處的王太太去溝通，讓孩子理解父親離家也有他必要、或者不得已的地方，父子關係重新建立了，父親就能運用他男性的特質去解決男孩在青春期上的困擾。這聽起來不是很簡單嗎？為何王太太會陷在其中無法自拔呢？

最合理的解釋，就是王太太本身對於「父親」和「丈夫」的角色，有她自己獨特的情感經驗。比方說，王太太自己的父親也是一個不常在家的男人，所以當她先生做出和她爸爸類似的事情時，她心裡的埋怨就透過現在家庭中的父子來做替代性的呈現。

我們再往無意識走深一點，甚至還可以假設：或許王太太根本也不希望（期待）自己兒子和他老爸的關係會好起來！

怎麼可能？

我也不知道。這得要王太太深入她自己內心世界的「父親」原型，才能明白那背後藏有什麼樣的「情緒陰影」？她才能打開心結，去做她本來就知道可以怎麼做的事。

**2.「情緒陰影」讓我們在人際相處中，總有某些「信念」上的堅持。**

比如上述案例中的上班族阿翔，你可以從他的描述中，發現他心裡有一系列應該依循的規則。我們可以大膽假設：這些規矩可能是在他過去經驗中，由某些人或某些情境來教給他的。

所以阿翔得要去探究他內心的「傳道者」原型裡頭有些什麼？以及這些規矩是否已經在他腦袋裡發展出「處女」原型的信念，讓他變成一個要求完美的人？

是不是阿翔曾經也被這樣要求完美？或者因為沒有遵守規矩而受過懲罰？才讓他不知不覺地把這些「我應該怎樣」的想法保存下來。但或許阿翔心中，其實也有點羨慕隔壁同事可以被人允許做事那麼隨性？

把這些脈絡都釐清以後，阿翔會發現：或許他不是真的因為討厭這個同事或主管所以想離職，而是他怕自己繼續待下來，也會變成一個不再像以前一樣做事完美的人。

**3.「情緒陰影」讓我們在人際互動中，出現一種難以控制的自動化「行為」（慣性行為）。**

比如上述案例中那位當了主管的家賢，只要早上開車時遇到沒有禮貌的「插隊」車輛，就會自動化地和對方尬上，即便知道馬路是危險的，仍然不由自主地要做出這樣的行為。這種舉動是不是很像一個「復仇者」？所以家賢值得去探究一下：「復仇者」原型對他人生的意義是什麼？才能明白「尬車」背後可能有他還未了解的自己。

或許，家賢那「復仇」的強悍行動背後，藏著一個覺得自己從來沒被公平對待過的、充滿創傷感的「內在小孩」也不一定。

**4.「情緒陰影」讓我們反覆陷入一種對特定主題的恐懼感中。**

比如上述案例中的講師安琪，她描述的經驗其實和別人沒什麼關係，大多是她自己對於「講得好不好」的想像。當然，這有可能是因為當時聽眾的肢體語言給了她一些如此判斷的線索，但當有人誇讚安琪表現不錯時，她卻一點都不相信，只顧陷在自己的恐懼當中。

我們可以從安琪的描述中看見，她恐懼感的背後連結著「受不受人喜歡」的議題。如果要理解自己的情緒陰影，安琪可以去探索「萬人迷」原型對她的意義是什麼？以及她到底想要把哪部分的自己給隱藏起來？

理解這部分的自己後，安琪可以試著從「覺得自己不討人喜歡」的恐懼感中先抽離出來，想想：究竟是別人真的不喜歡我？還是因為我不喜歡自己，而想像別人也都不喜歡我呢？

**覺察「情緒陰影」的存在後，把它提取到意識層面反覆思考，才能轉化成正向的力量。**

由於「情緒陰影」發作起來時總令人無從掌握，因而我們常常容易被情緒牽著鼻子走，以致說出違心之論，做出非我所願的行為。事後的懊惱，有時不是一句「後悔」就可以抵消的——我們可能得要耗費極長的時間，來為無法控制情緒的愚蠢付出代價。

所以說，了解自己情緒發作背後的脈絡，以及情緒如何被激發的邏輯（也就是情緒陰影的內涵），就變成自我和情緒管理中相當重要的一環了。

讓我舉一個發生在我自己身上的例子。

某天，我要到臺中誠品書店去做一場重要的講座。由於人生地不熟，我特地起了個大早，打算在書店附近找一間舒適的咖啡廳坐下來沉澱思考。

走在種滿綠樹的林蔭大道上，我背著行囊彎進老屋改建的巷弄內，在每間店家門口探頭探腦，終於讓我找到店裡一個顧客也沒有的一間老店，偌大的空間裡只有幾位圍著白裙的服務生，寧靜的氛圍令我滿意極了。

沒想到我才剛坐下來，店門外就走進來一對男女。我的視線掃過他們，心裡不禁想：好吧，既然你們要進來，拜託坐離我遠一點吧！

誰知那麼大一間店，他們哪兒不坐，偏偏就挨著我身旁的桌子坐了下來。我深吸一口氣，逕自翻開書本，想要遁入文字的世界，哪知道我旁邊的女孩卻開始提高音量和她對面的男孩交談起來：「呵呵呵呵呵，我跟你說……」我心裡翻了一個好大的白眼，心底一個聲音冒出來，讓我極想對女孩說：「小姐，請妳小聲一點好嗎？」

很快我意識到這是一種想要攻擊對方的衝動（**覺察到自己心裡的「復仇者」原型，正在引導我做出一些自動化的行為**），我暗自搖了搖頭，忍住這股自動攻擊的欲望。女孩刺耳的聲音繼續在空間中迴盪，穿進我的耳膜，於是我忍不住發揮了心理師的職業病，暗地觀察這對男女的互動——頓時我發現：原來女孩喜歡對面的男孩啊！然而我心底馬上又竄出另一句對女孩的攻擊話語：「小姐啊，妳這樣沒有用！」

我被自己莫名的攻擊欲望驚嚇到了，趕緊收拾桌上物品和雜亂的心情，默默退出身旁的兩人世界。

走出老店，我步行在臺中的暖陽下（**離開當下情境，深入原型背後的情緒陰影**），腦袋開始有了思考空間。我問自己：剛剛是怎麼了？我的情緒狀態是什麼？女孩身上有什麼扣住了我？

終於我明白了，原來我透過女孩身上的「怪異」看見從前的自己——那是一個極度缺乏自信，所以「用誇張談笑來表達迷戀的醜陋形象」（**覺察到自己內在的「萬人迷」陰影面正在浮現**）。是的，仔細想想，或許我對青春期的自己的評論就是如此貶抑。所以我是真心想攻擊方才那位女孩嗎？當然不是！她只是像一面鏡子般，照出我塵封心底的「情緒陰影」（**雖然已經很久沒有因「醜陋」而感到自卑了，但自卑感還沒有從我心裡被完全修通**）。

想通這一點後，我對於剛剛沒有對她發動攻擊感到慶幸。如果我方才因為被情緒陰影掌控而態度不佳地出言不遜，現在必然拖著充滿罪惡感的心情前往演講會場。

攻擊會讓我比較好過嗎？不會。缺乏覺察的舉動只會令人更被情緒所擾而已。然而，這樣一份全新的覺察，卻為我那天在臺中的演講帶來一個有趣的開場。

所以說，當你發現自己身上的情緒陰影時，真的不用太過傷心，這是我們的心靈正在透過陰影的呈現，來幫助我們成為一個更加成熟的人。

問題又來了，我們怎麼覺察自己的情緒陰影呢？我們的思考速度真能跟上情緒發作的速度嗎？如果情緒發作時來不及覺察該怎麼辦？

這個問題其實不難。最簡單的做法，便是平常多加整理與自己情緒陰影相連的「原型」，當情緒來襲時，我們自然會把這些對於原型和對自我的理解，應用到當下情緒的覺察上。

**那麼，一個人身上會存在多少情緒陰影呢？**

很多。我們試著以榮格心理學的基礎來加以提煉。

說到這裡，我想先回頭談談分析心理學的祖師爺卡爾・榮格的故事。

十九世紀初，精神分析的開創者西格蒙・佛洛伊德出版了他最偉大的著作之一《夢的解析》（*Die Traumdeutung*），榮格也看了這本書並且深感興趣。之後，榮格開始和佛洛伊德通信，兩人志同道合，共同創立精神分析學會。然而，兩人最終卻因為理論分歧而決裂，佛洛伊德將榮格從學會中除名，榮格陷入憂鬱數年。

根據榮格自己的筆記，那幾年的他和精神病院裡的病患沒什麼兩樣，但他最後卻成為一代大師。我曾聽某位諮商心理師說，想起榮格的故事，就覺得現在不如意的我們，都可能只是「落難的英雄」。

榮格是怎麼走出英雄落難的時光呢？別忘了，榮格是因為「夢」而和佛洛伊德結緣的，揮別佛洛伊德後的日子，榮格當然也是繼續「做夢」。這便是大師之所以為大師的原因——榮格雖然在夢境中見到許多奇異的幻象，比方說，長著翅膀又跛著腳的老人、美麗的陌生女子……，但他卻透過平日喜好鑽研的鍊金術，以及《易經》等東方經典，分析自己與他人的夢境（據估計，榮格大約解過八萬個夢），並綜合所有他接觸過的科學知識，來考察人類心智的內容。

日後，榮格理論自成一家。他更深入地探究意識以外的無意識世界，並認為無意識內容具有三個部分：

第一，只是意識暫時排除、儲存在無意識的部分，這類內容可以透過回憶來重新進入意識當中。

第二，是無法透過回憶就能想得起來的部分，但這些內容可能透過推論或經驗觸動來爆發到意識當中。

第三，是還沒有爆發成意識、或永遠都不會爆發成意識的內容。[1]

榮格認為，若以一個整體來看待我們心智的內容，那麼要了解自我，便是將無意識裡頭的那些失落撿拾回來，歸回意識當中。即便我們終其一生可能都沒辦法將無意識內容給拼湊完整，但從無意識中去尋找自己，我們才能發現自己身上最關鍵的特質。

於是，榮格大師將他在夢境中、神話裡所尋找到的特質記錄下來，變成一個個精彩的人物故事與意象，並且榮格還將不同種群中共同記載的相似性給標記出來，用「原型」來稱呼它。

榮格說：「原型是我們祖先經驗的儲存物，而不見得是我們本身的經驗。」

我們可以這麼理解：某些發生在家族的、社會的、文化的，帶有強烈情緒性記憶的經驗，會透過某種「心理遺傳」的方式，保留在人類的血脈深處。就像曾有科學家打趣說：男人喜愛操控方向盤的現象，是一種遠古時期的男人需要用手握緊（掌握）長矛來保護一家人生命安全的象徵性保留；相對的，女人之所以對逛街購物如此有興趣，則是因為遠古時期的女人，被賦予四處採集果實放入懷裡的原始意象的展現。這種跨越時空而保留在我們內心，對於周圍人事物的意象，便是「原型」；透過不同的「原型」，我們都可以深入其中將陰影提煉出來，變成攤在陽光下可以被自己所用的特質。

在這本書中，我們仍以榮格對原型的概念為基礎，卡洛琳女士的「原型卡」則幫助我們縮短了探究與「情緒陰影」相關的人物原型的歷程，並且啟發我們去發現，「情緒陰影」可能以什麼樣的邏輯在內心世界運作。我們將從「情感、思想、行動、欲望」等四個面向，來探討我

1　此概念出自於 Jung, C. G, (1967). *The Collected Works of C. G. Jung*. Princeton, NJ: Princeton University Press.

們無意識當中共同存在的原型意象，以及和這四個面向緊密連結的潛在原型意象。

仿照榮格與卡洛琳的做法，本書也以普遍存在於我們日常生活的人物形象來做為原型意象的具體討論，系統化地協助讀者認識可能存在於自我內在的不同部分，理解人我之間可能具有某些共通的相似性，並以此刻的生活日常為起點，連結至個人過去的生命經驗，甚或更深刻久遠的個人歷史。希望透過這樣的歷程，讓我們內心深處生長出更能貼近情緒、覺察自我，以及接納真實的力量。

卡洛琳的原型卡以七十四個人物來描述其中的具體意象，而在這些年的研究中，我們特別透過實際的自由書寫來探究原型意象與情緒的關連，經過本土化資料的刪減、修正與整併後，保留了分別代表著情感、思想、行動、欲望四個面向的「共通原型」（其中「小孩」原型又分為五個面向），以及其他四十八個與共通原型緊密相關的潛在原型，收錄在這本書中。

所謂的「共通原型」，指的是共同存在於你我內心深處、與情緒習習相關的部分，以「受害者」、「破壞分子」、「小孩」、「小丑」等四種原型人物來描述：

**1. 受害者（Victim）**——是我們內在一股「責備他人」的情感傾向，只要在**情感**上覺得他人對不起我，就不用去面對過去還沒有解決的心結。

與「受害者」相關的潛在原型為：霸凌者、英雄、神、父親、皇帝、王子、女神、母親、女皇、公主、戀人、友伴。

**2. 破壞分子（Saboteur）**——代表一種想要暗中破壞、背叛自己或他人意志的**思想**層面，和我們後天所受的教育有相當的關連性。

與「破壞分子」相關的潛在原型為：傳道者、授業者、解惑者、詩人、說書者、書記、魔術師、提倡者、修行者、幻想家、工程師、處女。

**3. 小孩（Child）**——代表成長過程中所面臨在「獨立」與「責任」之間拉扯的張力，也意味著當我們踏出**行動**的腳步時所會面臨的恐懼。

與「小孩」相關的潛在原型為：重建者、復仇者、解放者、反抗者、療癒者、救世主、驅魔者、僕人、戰士、運動家、變形者、尋道者。

**4. 小丑（Clown）**——是我們對現實世界的**欲望**，同時也是對於自己是否會出賣精神和身體的完整性來換取外在物質好處的恐懼感。

與「小丑」相關的潛在原型為：富翁、乞丐、小偷、萬人迷、夥伴、吸血鬼、上癮者、賭徒、享樂者、閒聊者、間諜、吹牛者。

**開始吧，理解並書寫原型，穿透你的「情緒陰影」。**

這本書中，我也設計了協助讀者重新建構與理解自己內在原型的書寫活動。讀者可以先仔細閱讀每個原型人物的定義與事例，並不斷回到自身的日常生活事件去做省思，再跟著書中活動的引導，深入個人內在容易激發你情緒陰影的原型人物，並找出能夠在情緒爆發時支持你的優勢原型。

從下個章節開始，將會詳細介紹每一種原型人物的特質，並在每個段落的最後，提供對該原型進行自我覺察的相關書寫活動。

在這之前，我想先提醒的是，當我們去尋找自己內在的原型人物特質時，先別忙著以「是／非」、「對／錯」的批判性角度切入。依照榮格心理學的概念，原型本身雖然具有某些相對（兩極化）的特質，但這些特質的好壞，僅限於我們主觀感受的存在，而不代表客觀物理世界的真實。舉例來說，諸如賓拉登、蔣中正、毛澤東之類的領袖，在某些場域中可能是一種英雄般的存在，但對另一個相對的場域而言，卻是心理上的陰影——「英雄需要陰影才能存在」，就是這個道理。

我們之所以分別說明每一種原型人物的兩極的相對特質，就是希望以這種具體的方式，協助讀者理解過去、掌握思緒，建構更為自由的情緒掌控力。

與其做好人，我寧願當一個完整的人。

**榮格・《紅書》**

第 2 章

# 那些說不出口，又重複發生的情緒經驗

## ——陰影中的「情感」原型

# 情感共通原型

## 受害者原型（Victim）——別人都對我不好！

**光明面：**考驗我們的自覺力，引導我們去看見自己可以負起責任的盲點。
**陰影面：**遇到事情時傾向於先責怪他人，覺得別人對不起我。

從事實務工作多年，我發現人們的內心世界存在一種有趣的現象，若用一句話來形容，就是會不知不覺地落入「覺得別人對不起我」的感受中。所以我們遇到事情時，常常傾向於先責怪他人，這便是一種「受害者」的心理原型。

不同於兒童時期實際經歷的創傷，「受害者」原型彷彿一種「往壞處解讀」的本能：我們心頭時常上演各式各樣的小劇場，明明我不想對不起你，卻又承受不住你來對我不起，心理上總是不自覺地浮現出被忽略、被犧牲、不被好好對待的感覺；但在情感的顧忌下，似乎也無法把這些負面的感受說出口，人與人之間的關係因此而糾結，最後只得在生活中，一次次地驗證自己就是個不值得被愛的人。

關於「受害者」原型的文化根源，我們可以用殖民主義的歷史意象來理解這種心理歷程的運作。

自古以來，當某個具有共同文化的種族想要擴張自己的版圖時，常常把腦筋動到相異文化的族群上去。比方說，西元十五世紀時，歐洲人發現了美洲這個新大陸，就迅速地入侵南、北美洲，奴役當地土著，導致成千上萬的美洲土著因為戰爭、饑荒和疾病而死亡。

黑人學者弗朗茲．法農（Frantz Fanon）是研究被殖民者心理狀態的佼佼者，他出生於法屬西印度群島，中學時移居到法國，在醫學和心理治療領域都有相當傑出的表現，但卻因為黑色皮膚受到法國同胞的歧視，於是他終其一生都在描寫被殖民者遭受全盤否定的痛苦與壓抑。法農在他的經典著作《黑皮膚，白面具》（*Peau Noire, Masques Blancs*）裡頭是這麼說的：「這個世界透過白人的眼睛來觀看，唯有透過白面具，黑人才能去除心底的焦慮。」所以，渴望「漂白」是黑人被殖民時最扭曲的悲哀，然而這種膚色與種族的戰爭卻在每個時代、每個角落重複地發生。那種預期自己會被壓迫的狀態在人們心裡落下了根，代代相傳後，我們的無意識深處便蒙上一層「被害」的陰影，就如法農所形容的「大地上的受苦者」[1]。

法農說，這樣的心態會讓我們困在一種受到捆綁的、負面的情緒狀態中。如同黑人幻想著「漂白」這種永遠無法實現的願望，因而只能用無能為力的怨懟感來面對自己的命運，但事實上，唯有「拒絕當『奴隸』，『主人』才會消失」。換句話說，當我們習慣以一種被害的、被犧牲的眼光去看待這個世界、看待自己，我們也勢必活在被害、被犧牲的經驗當中。

這就是情緒陰影的第一種發展方式：重複無意識裡頭的負面情感，讓它重新活躍在我們的現實生活中。

好比下面兩個例子：

又青和小萍是一對同時期進公司的夥伴，她們在新訓時並沒有受到老闆青睞，工作上也不得志了好幾年，於是兩人說好要互相加油，一起爬上公司的管理階層。某次機緣下，又青終於被主管指派一個重要任務，為了好好把握這個得來不易、伸張志氣的機會，又青使盡渾身解數全力衝刺，小萍自然一路在她身邊陪伴打氣。哪知，準備過了頭，又青在專案報告前得了嚴重感冒，老闆為了不想給客戶病懨懨的印象，臨時改派也熟悉專案內容的小萍上場，結果小萍在專案報告上一鳴驚人，成為老闆眼前的大紅人。慶功宴上，唯一悶悶不樂的就是小萍最要好的朋友又青，又青心裡有一種複雜的感覺，彷彿小萍是拿她當墊腳石才獲得成功。

宥達最近研究所剛畢業，但是找工作方面一直不太順利。宥達是名校裡的熱門科系畢業，理論上似乎應該是工作來找他，而不用他大費周章地去找工作，沒想到近來幾次面試宥達皆不受錄取，反而是幾位班上成績不如他的同學受到錄用。宥達心裡相當不平衡，想起自己和系上某位負責產學合作的老師之前有過一些衝突，突然感覺到可能是老師在背後擋他的路，於是他心情非常憤怒，又感到沮喪，覺得不論自己多有才華，也會落敗在那些莫須有的毀謗上。

我也想邀請讀者想一想，如果你遇到了類似又青和宥達的事情時，你的反應會如何？所謂的「受害者」原型，就是讓我們心頭浮現出沮喪的重大元凶之一。當我們覺得自己過得並不好時，「受害者」原型會讓我們習慣從他人處尋找一個能夠相對應的藉口或理由，如此一來，我們就不用耗費力氣去自我反省，也不用面對自己需要承擔的責任。但久而久之，我們卻逐漸將所有的能量耗費在埋怨別人的壓迫上，不但壓縮了自己內在獨特性的生長，更輕易地被別人左右了自己的心情。

此時，我們就可以回到法農的論點上來照樣造句了：

拒絕當「被對不起的人」，「對不起我的人」才會消失。

1　弗朗茲．法農，《大地上的受苦者》（*Les Damnes de la Terre*）（楊碧川譯，臺北：心靈工坊，二〇〇九）。原著初版出版於一九六一年。

拒絕當「受害的人」，「害我的人」才會消失。

是的，從心理層面來看，「受害者」原型的存在有一個朝向光明的意義，就是為了考驗我們的自覺力，引導我們跳脫過去的恩怨情仇，看見長大（成年）後的自己還沒有負起足夠責任的自我盲點。

## 面對「受害者」的原型陰影，可以怎麼做？

想一想，哪些情境容易讓你落入「受害者」的情緒狀態中？這些情境有沒有什麼相似之處？

比方說，通常是遇到什麼樣的人？對方說了什麼話，做了哪些舉動？發生什麼樣的事情？……，會特別容易加強你的「受害者」狀態。

你所在意的點是什麼？你常出現的情緒內涵又是什麼？難過？生氣？無力感？……，哪些情感元素組成了你的「受害者」狀態？

檢視了上述細節後，請繼續閱讀本章的其他潛在原型，從你的生命經驗中找出這種情緒狀態的過去連結。

## 情感潛在原型

在你的生命當中，哪些人與你之間的相處點滴、發生過的事件，為你留下深刻的印象？有些人可能早已離開你的生命，但你心裡或許明白，他對你的影響還持續存在。當你與現下環境中的人物相處時，那些或熟悉、或想遺忘的反應，還是不受控制地從心靈深處浮現出來。這些人事物明明已經是好久以前的經驗了，卻時不時地與現在的經驗糾結在一起，影響我們對於人我關係的解讀與感受。

為了深入「受害者」原型背後的情緒脈絡，接下來，我們就要談談十二個與情感記憶相關的原型，他們象徵著我們在個人經驗上，甚至整個家族的經驗中，所保存下來的帶有恩怨情仇的記憶。當我們能夠啟動內在的覺察力時，這些情感原型的存在，便能對我們產生正面的、具有警示性的影響；否則，我們就可能陷入「受害者」的情緒張力中而不自知，被不愉快的回憶所糾纏著。

這十二個潛在原型包含幾個類別：

1. 影響「自我」意象的原型：霸凌者（不想成為的形象）、英雄（想要成為的形象）。
2. 象徵「父親權威和男性性別特質」的原型：神（完美父親的源頭）、父親（勇氣和權威的象徵）、皇帝（對成功男性的期待）、王子（正向男性特質的想像）。

3. 象徵「母性力量和女性性別特質」的原型：女神（完美母親的源頭）、母親（孕育和照顧的象徵）、女皇（對成功女性的期待）、公主（正向女性特質的想像）。

4. 影響「愛與競爭」感受的原型：戀人（全心投入的力量）、友伴（競爭與合作的選擇）。

當我們透過覺察，跳脫被過去生命經驗捆綁的情緒牢籠時，才能更深層地與自己內在的無意識發生連結，喚醒心靈深處更貼近生命源頭的力量。

## 霸凌者原型（Bully）——我不想成為那樣的人！

**光明面：**不再用極端評價去看待自我與他人。

**陰影面：**避強求弱，想要把強勢的特質從自己身上排除掉。

依照「霸凌」的定義，指的是一種身體、語言、文字上的壓迫與攻擊。霸凌者和被霸凌者之間往往具有權力或體型上的落差，因此遭受霸凌的人常有無力反抗的恐慌感受，以致產生某些心理上的傷害。

從心理學的角度來看，什麼樣的狀況稱得上「霸凌」？其實還牽連個人的主觀感受。試想，如果你是一名學生，你非常喜歡坐在你隔壁的女同學，結果這位女同學利用你對她的喜歡，每天向你索討一百元零用錢，否則她就不理你了，這算不算一種霸凌？

在旁人看來，這女孩明明就是欺負你嘛！但因為你對她有強烈的喜愛，即便她要你去撞牆來證明自己的心意，你可能也會毫不猶豫地遵照辦理。直到有天你發現，她其實和班上其他同學聯合起來惡整你，那種被羞辱的感受才會頓時湧上心頭——遭受霸凌的創傷感也在「真相」浮現後才開始發生。

這便是為什麼，大部分的人都曾感受到自己有過被霸凌的經驗。某些事情在當下我們可能毫無感覺，脫離那個場域後才越想越難過、悲憤、懊惱、生氣、不甘心……；但時空不再，當初欺侮我們的那些人可能已經遠去了，我們失去了在「當下」對抗霸凌的機會，所以那些「霸凌者」就變成掛在我們心頭的強大陰影，無意識地影響我們面對未來人事物的情緒狀態。

當然，內心記掛著霸凌者的結果不一定都是負面的，我們身邊總有許多遭受霸凌後立誓要靠自己的力量站起來，最後終於成大器的故事。但更值得思考的是，有些霸凌是會複製的——今日的「被霸凌者」壯大以後，若是心理上沒有跟著消化成熟，可能變成明天的加害者；而相互仇怨的結果，也可能讓今天的「霸凌者」，變成明日遭受欺凌的那個。比如《史記》中有這樣一個故事：秦王三十六年時，范雎被人陷害，魏相國魏齊懷疑他謀反，將他打得半死；於是范雎離開家鄉打拚，並且受到秦王大用，秦王四十六年時，范雎如願殺掉魏齊。

范雎的故事便是「君子報仇，十年不晚」這句話的典故。可惜，這麼好的一段話，原來不是要激勵人們別因遭受打擊而坐困愁城嗎？但卻常常被解讀成，用十年的操兵隱忍來向對不起你的人復仇雪恨，於是今天的受害者，可能變成明天的加害者。在心理諮商的工作中，我所遇到被欺壓後復仇成功的故事不少，但也常常聽到復仇後就失去了目標，心裡感到更恐慌孤獨的人生經驗。所以「霸凌者」原型的存在，實則在考驗我們能否從對他人怨懟的情緒中，把自己釋放出來。

霸凌者原型也內含我們無意識中一種「避強求弱」的情緒狀態，使我們不自覺地想要把「強勢者」的形象從自己身上排除掉，不希望自己成為一個給人壓迫的人；我們寧可在情感上保留遭受欺凌的感覺，讓自己成為想像中值得同情的那一方，也不想沾上讓人避之唯恐不及的惡霸形象。

就像《北風和太陽》的故事：某天，北風和太陽打賭，看誰能夠讓穿著大衣的路人脫下層層包裹的衣物。北風使盡全力狂吹，想把路人的大外套給吹跑，沒想到當空氣中刮起超強大風，路人卻把大衣拉得更緊了，北風的自大讓他宣告失敗。接下來換太陽了，太陽徐徐地發散出光芒，將溫暖不斷放送到路人身上，路人不覺得冷了，自然脫下大衣。最後，太陽成為這場賭注的勝利者。

讀過這個故事後，很多人把「北風」的強悍比喻成「霸凌者」，而讚頌「太陽」帶給人的徐徐溫暖，所以我們寧願自己是太陽，也不想成為北風的角色。只是誰能預想，在極端氣候的今日，比起可以讓天氣涼爽點的北風，我們可能更害怕會把人給熱死，或引發臺灣大跳電危機的太陽呢？

所以說，一日強悍，不見得終生強悍；再怎麼可惡的人，都有他脆弱的地方。

「霸凌者」原型，正是促使我們跳脫情感上「好與壞」、「受害與被害」的極端評價，別再用一種單向的角度，去評論自己與他人身上的特質。

## 面對「霸凌者」的原型陰影，可以怎麼做？

想一想，哪些你曾經被對待，或曾經對待人的方式，是你至今仍然耿耿於懷的？

讓你卡住的原因是什麼？

清點一下，現今的你和當年的你有什麼不同？你身上多了什麼可用資源？

## 英雄原型（Hero）——我想要成為那樣的人！

**光明面：**勇於面對內心的自卑感，朝向自我整合的精神力量。
**陰影面：**過度理想化自我，而脫離現實的人際關係。

如果說，「霸凌者」原型談的是「欺凌與被欺凌」、「加害與受害」的概念；那麼「英雄」原型，探討的就是另一組相對的特質：「拯救與被拯救」、「幫助與被幫助」之間的關係。

人生是這樣的：既然有人會去推你一把，通常也會有人伸手拉你一把。「英雄」往往代表我們在人生低落時，有意或無意地提拔我們走出谷底的那個形象，這個形象有時近在咫尺，有時遠在天邊；他可能是你遭受壞小孩追打時，行俠仗義為你趕走小屁孩的鄰家大哥哥、大姊姊；也可能是你面臨生命低潮時，無意間在廣播裡、報紙上聽到看到某人的一段話……，這些人都有可能變成我們內心的英雄，成為我們前往順境的情感支持。

我自己內心深處也有一位很特別的「英雄」。當我中學時期對臺灣升學體制感到懷疑時，我無法真正理解為何一定要知道八國聯軍的歷史？為何要因為背不好〈麥帥為子祈禱文〉而受到責罰？簡單來說，就是完全找不到念書的意義，也從來沒人有空坐下來和我討論這些，但我也沒有勇氣瀟灑地放下書本，去做所謂「自己真正想做的事」。

某天，我從電視上認識了一位歌手、演員，也是一位主持人，她沒有「一般」女明星的細緻打扮和嬌聲嬌氣（是，這只是一種刻板印象），反而是在鼻梁上架上一副大眼鏡，用敏捷聰慧、語帶詼諧的反應向鏡頭以外的我們說話。後來我才發現，這位女明星原來有著出自政大新聞系的高學歷，那時我才開始體會：或許知識和努力、學校和學歷，對人生還是可以有所幫助的；我也才終於說服自己，接受念書考試的意義。這位最初影響我生命的「英雄」，就是知名主持人陶晶瑩小姐。

許多人的生命中都有一個這樣的存在，除了拯救和幫助之外，也以「楷模」的姿態出現。那種曾經被拯救、被幫助的感覺，常常在我們心裡留下深刻的印象，並以成為這樣的人做為自我期許。這就是心理學所談到的「英雄」形象：他往往在困境中奇蹟式地誕生，本身通常也出身卑微，或遭遇過極大的困難，但他總能很快地發展出卓越的能力，對抗黑暗的邪惡力量。

然而，這種心理上的「英雄」意象，也常常使得我們用「理想化」的角度去想像那些現實中被我們視為「英雄」的角色，然後不知不覺地對自己產生超乎現實的期待，卻又無意識地害怕自己犯了驕傲之罪。

英雄還常常需要配上「悲劇」，也就是具有淒美意象的故事情節。陷入英雄的陰影面時，我們心裡可能會產生過度戲劇化的同情心，讓旁人感受到一份不切實際的高傲感，使得我們在人際關係上發生某些危機。換句話說，當「英雄」原型佔據掉我們的情緒狀態時，可能讓我們變得善於和能力差自己一截（想要拯救、幫助他）、或高出自己一截（想要被拯救、被幫助）的人相處，卻不善於與「同類」、「同儕」相處。

英雄心態之所以讓人感到孤獨，是因為「英雄」在我們的集體想像裡，總是靠自己的力量獨力爬上那座最艱難的高峰，前往別人都去不了的那個角落。然而，在分析心理學的概念中，「英雄」的旅程[2]指的是一種對自己性格的全面性理解，把「英雄」光環下的自卑與黑暗整合進內在，讓自己能在各種不同的出身中，都能找到出路。

## 面對「英雄」的原型陰影，可以怎麼做？

想一想，你的先天環境和個人條件有什麼令你感到不滿的地方？（例如：小眼睛、家境貧困……）

再想一想，這些令你感到不滿的地方，如何影響你成為現在的自己？在你的人生中，哪怕只是一瞬間，有沒有曾經出現什麼方法可以扭轉你的「頹勢」，讓你覺得自己是個還蠻可愛的人？

## 神原型（God）——完美父親的源頭

光明面：不管在任何情境中，都保持對真善美的相信。

陰影面：陷入超越人性的自我期待，關閉情感功能，變得冷酷無情。

說起「神」，很多人會想到希臘神話裡的天神宙斯，或是民間傳說裡的玉皇大帝。「神」像一種至高無上的存在，「神性」和「人性」最大的不同，在於「人」除了真善美以外，還有邪惡與仇恨的存在；而榮格曾經說，我們都在「絕對中尋找神」，因為祂代表了絕對的真善美，所以只包含了人的一半。換句話說，「神」是拿掉邪惡部分後的「人」，是我們內在完美的化身。

從心理層面來看，「神」也是一個完美父親（The Great Father）形象的源頭，我們想像祂們除了擁有超凡的力量，還有一雙比凡人更能明辨善惡是非的眼光。當我們遭遇不平、看到極大的惡行時，會用「舉頭三尺有神明」、「不是不報，時候未到」來安慰自己，相信有一股超越凡間的能量，在冥冥中維持人世間該有的倫常秩序。

2 莫瑞．史丹（Murray Stein），《英雄之旅：個體化原則概論》（*The Principle of Individuation: Toward the Development of Human Consciousness*）（黃璧惠、魏宏晉等合譯，臺北：心靈工坊，二〇一二）。原著出版於二〇〇六年。

所以，「神」原型象徵著我們精神世界裡的情感寄託，支撐我們在逆境中克服難關、自我砥礪。因為「神」原型的存在，我們能去面對那些不公義的經驗；因為相信善惡有報，我們能在那些最壞的時光裡，還保有對善的期待，讓自己不至於在絕望中做出毀滅性的行為。

然而榮格也說，「如果神是絕對的美與善，祂如何包容生命的全然？」「如果神只包含人的一半，人如何能活在神的懷中？」

當我們內心深處的「神」越在高處，我們就越難去親近祂，也越難感覺到自己被祂所愛，這同時也是「神」原型所展現出來的陰影面：當我們用仰望「神」的標準來檢視自己，周圍的罪惡就被放大，世間的許多事物也變得難以忍受。我們等待美好的耐性降低（不允許自己不完美），壓抑邪惡的本事卻變高（不允許自己展現出崩壞的一面），我們逐漸走向一條封閉自我表達之路，無意識地將情感放到心靈的最底層，而不知不覺地只呈現出冷酷、無情的那一面。

下面這些，都是活在「神」原型的完美要求與陰影下的自我對話：

「你怎麼這麼笨？」

「你太胖了，不要再吃了！」

「為什麼這麼簡單的事情你都做不好？」

「你到底要把事情搞砸多少次才學得會？」

「你怎麼不能再多想一點？貼心一點？主動一點？」……

往這些話裡頭深入一看，才發現這些話往往非常熟悉，其中有一半是複製於我們小時候曾被父母等重要他人數落的話語，另一半則是我們對於自己達不到「完美」境界的自我責備。前者是我們的家庭經驗，後者則連結社會文化等更深層的根源了。

我們來看看男大生慶嘉的例子，並且想想，如果我們面臨這種狀況，可以怎麼從這種負面情緒狀態中跳脫出來？

慶嘉小時候只要遇上不如意的事情就會想哭，但爸爸總是告訴他：「男孩子不要為那些小事輕易地掉眼淚。」只要想到這句話，慶嘉就會吞下所有的委屈和眼淚，若無其事地站起來，回到書桌前做他該做的事。課業與工作上的挫折如此，面對情感挫折時，慶嘉也是如此反應。

慶嘉有一副天生黝黑的膚色，青春期時由於過度關注課業，滿臉的青春痘在壓力下被他摳得坑坑疤疤，常常被人戲稱是「月亮臉」。因為這個狀況，慶嘉總是對「美女」特別嚮往，或許是潛意識明白：自己其貌不揚的外表，如果能配上一張精緻美麗的臉孔，生下來的小孩就會有「優生」效果。所以慶嘉總會愛上團體中最漂亮的美女，然後被美女們以「我不想和月亮臉交往」而拒絕。

當慶嘉面對愛情挫折時，爸爸告誡他：「不要為這麼小的事情掉眼淚，神會保佑你，賜給你一個真正內外皆美的女孩。」只是對慶嘉來說，情感挫折並不若課業上的挫折那般容易平復；每當被女孩拒絕，他就感覺到心裡有一股憤怒的火在燒，但慶嘉從來不敢將這種心情告訴別人，因為「這是『神』（其實也是爸爸）所不允許的」。

終於，慶嘉在色情片中找到了消解這份怒火的管道，情節越殘暴的片段讓他越感快活，漸漸地他迷失了……迷失在這種不被「神」所接納的「淫蕩」裡。二十三歲那年，慶嘉第一次割腕自殺。躺在醫院的病床上，慶嘉身旁的爸爸努力不讓眼淚滾落下來，睜大眼睛問他：「你怎麼會為這種小事想不開？你怎麼會變成這樣？」

慶嘉轉過頭去不說話。

當我們沒辦法和自己真實的情感接觸時，「神」原型也會形成一種負擔，使我們不自覺地排拒某部分的自己，也就是那些我們誤認為會讓自己墜入地獄的部分。這就是慶嘉所遭遇的問題，在爸爸從小的表達習慣中，他感受到某部分的自己（那個愛哭的自己）是被爸爸（爸爸的形象太過強大，就與心中的「神」原型結合在一起）拒絕的，但他不敢去體會被拒絕背後的失落，進而把爸爸的情感吸納到自己的內在，形同他和爸爸一起拒絕了同一個部分的自己。

慶嘉不曾去面對這個存於內在的事實，所以他透過自我傷害，來割除那個不被接納的自我。

想一想，如果你和慶嘉一樣，也感受到自己身上被拒絕的部分，你會怎麼辦？

榮格用「新神」的概念來為這點提供了出路。榮格說，當「善與美凍結在絕對的理念中，仇恨和醜惡就會變成充滿瘋狂的生命泥淖。」他引用基督的例子，「必須經歷地獄，不然不可能升到天堂。」雖然我們畏懼看到自己的醜惡，但是沒有進到這樣的深處，怎麼可能到達真正的高處？換句話說，沒有接納醜惡的人，怎麼可能有機會到達自己所幻想的神一般的境界呢？所謂的「新神」，就是要能夠接納含有醜惡的真善美，理解一個完整的神是帶著具有情感的人性層面的。

我們之所以活著，也是在學習體會這種「新神」的定義：生為一個人，重要的是「完整」，而不是「完美」。或者該說，一個完整的「神」，才堪稱完美。

既然當不了神，但我們可以學習擁有「新神」的力量。「新神」帶給我們的精神力量是這樣的：

如果你討厭你臉上的痘痘，就去愛你臉上的痘痘；如果你討厭你身上的肥肉，就去愛你身上的肥肉。當我們把自己身上的一部分視為討厭的部分，這些部分就算用刀割還不見得能離開；當我們能把討厭的部分視為可愛的部分，它反而擁有自己的生命，不需要黏著你了。

最後，讓我來把慶嘉的故事說完：

在醫院的病床上，慶嘉把身子轉過去，他感受到自己對在旁絮絮叨叨的父親一陣憤怒，然後他背著身子說：「我討厭我的痘痘，我討厭我的黑皮膚。我討厭你一直念念念，我討厭你說的每一句話……」

後來慶嘉告訴我，他最討厭的，其實是那個什麼都不敢表達的自己。（不是痘痘，也不是黑皮膚。）

慶嘉和他的父親至今仍未「和好」，但他起碼可以和自己內心的「神」的形象和好。他表達了自己想說的東西後，慢慢地不需要再自殺了。他和一個「不是美女」的女人結婚，並認為這也是一個學習愛自己的歷程。

人既非神，孰能無情？哪怕這世界上，沒有人能懂得我們心底的情感，我們也不要成為對自己最無情的那一個。

## 面對「神」的原型陰影，可以怎麼做？

請寫下一至三個你小時候曾經被取過的綽號？這些綽號是怎麼來的？你怎麼看待這些綽號？

請寫下三至六個你覺得自己的缺點？這些缺點你是怎麼發現的？你有沒有曾經因為這些缺點而被人數落過？或者吃過什麼樣的虧？

從一到十分來看，你對這些缺點的討厭（或拒絕）有幾分？如果把這個討厭程度下降，是朝向完整人生的其中一個選項，你可以做些什麼，降低自己對於這些缺點的討厭程度？

除了你以外，還有誰跟你一樣討厭你的缺點？如果這些人就在你身邊，你會想對他們說什麼？

## 父親原型（Father）——對於父性權威的想像

**光明面：**走向外在世界的勇氣，知道自己該做些什麼。

**陰影面：**對於權威和暴力感到恐懼，覺得總有個聲音在批評自己。

由於心靈中「神」原型的存在，影響著我們對於「父親」形象的實際體驗，讓我們往往帶著某些無意識的期待與渴望，去和現實環境中的「父親」相處。因此，我們所感受到的關係質地，其實有很大部分來自於內在的想像。

在精神領域中，「父親」原型象徵著我們走向外在世界的勇氣、我們對權威和權力的看法，以及我們內在的自我尊嚴與自信感。正面的「父親」原型，是一幅能穩穩地支持孩子、被孩子倚靠著的圖像，一個有如我們內心渴望的父親形象，是能夠為孩子指出光明在哪裡，能保護孩子不要誤入黑暗的洞穴，使孩子能在充滿威脅感的外在環境中感受到一股來自心靈深處的穩定力量。如果我們能夠順利內化一個正向的「父親」原型，就彷彿心裡存在一盞光明燈，推動我們的人生毫不畏懼地朝向夢想所在。

然而，在許多文化中，「父親」同時也被社會大眾期待成為家庭經濟的來源，是他自己原生家庭的命脈和依靠，以致許多「父親」成為父親後，心理上仍無法脫離原生家庭自立，而在重重的束縛中，變成婚姻家庭裡那個不輕易顯露出情感的「權威」角色。很多孩子因而產生「父親缺席」的感受，或者覺得與父親之間有強烈的「疏離感」，不知道怎麼靠近這個彷彿家庭裡的「神」一般的角色，僅僅活在對父親的想像中，無意識地受到父親權威的控制。

當父親和孩子的關係缺乏情感交流，他們實際上的心靈互動就不足以為孩子內在形成一幅穩定的父子關係畫面，因此在孩子心中，「父親」跟從沒見過的「神」是沒什麼兩樣的，這兩個原型很容易互相吸納，交錯在一起，變成一種心靈上遙不可及的存在。再者，許多傳統教育下的男性面對情感困難時，常用「暴力」和「外遇」等脫序的方法來處理，讓「父親」成為許多家庭中，令孩子們感到「又愛又恨」的角色。

尋求父親的關愛，卻不可得；否認父親的存在，卻又不自覺地在現實生活中仿造父親的影子。「父親」形象在許多人的記憶中，成為一種極其糾結的存在。

「父親」原型的心靈體驗越糾結，我們內在就越可能出現下列的情緒狀態：

1. 沒有辦法拒絕別人，很難跟別人說不。（沒辦法拒絕自己內在的權威形象）
2. 常常批評自己，覺得自己什麼事情都做不好。（內在的權威形象在批評自己）
3. 沒辦法相信自己，害怕為自己負起責任。（內在的權威形象沒辦法肯定自己的能力）……

當一個人成年之後，上述的這些聲音其實和實際的父親已經沒什麼關係了，然而與現實環境中的父親或近或遠的體驗，卻逐漸形成我們內在權威的影子，影響了我們某部分的生存樣貌。對於男性來說，可能影響他們對自己身上男性性別特質的認同；對異性戀的女性而言，則可能將這種對父親的期望投射到伴侶的尋找上。

接下來，我們一起看看發生在宣明身上的例子。

宣明從小就沒有爸爸，在他很小的時候，媽媽告訴他：「你就當你爸死了吧！忘記那個沒良心的男人。」

宣明很懂事，從來不會、也沒興趣探問父母之間發生了什麼事，但他可以感受到媽媽心裡有一股對爸爸的憤恨，因此他所能做的，就是盡量淡化「爸爸」角色對家庭、對他的重要性，顯示自己對於「沒有父親」這件事一點兒也不在乎。然而有趣的是，雖然父親從小缺席，母親對他也沒有太過嚴厲，但宣明卻對自己的要求極高，如果有什麼事情做不好，就會悶在心裡生氣，卻又不會表現出來。

宣明進入職場後人緣極好，尤其是女人，個個都對他留下良好的印象；但男性主管們對他的評價就完全相反了，他們都說宣明高傲不受控，眼睛長在頭頂上，又自以為是。男人和女人對宣明的評價放在一起看，簡直天差地遠，大家都不敢相信這些形容詞是出自同一人身上。

宣明自己也很苦惱，但只要是男性主管在說話，他就不自覺地想去挑戰、或挑剔他們的毛病，不管他怎麼隱藏這一面，他和男人的關係就是沒辦法改善。

宣明的問題出在哪裡呢？

一個人的生命中，如果只固著於接觸「父親」和「母親」中的某個角色，或被要求只能對其中一方忠誠，而被迫去貶抑另一方，便可能影響他未來與不同性別的人相處時產生失衡。換句話說，在宣明的交際圈中，不論是男性或女性所認識的他，都只是某部分的他：其中一個，是從母親那兒學習到怎麼與女性相處的他；另外一個，則是從缺席父親的影子中，學習到怎麼與男性應對的他。對宣明來說，「父親」原型在他心中是破碎、不完整的，甚至是一種他不願承認的存在，所以他也很難正向地行使自己身上與「父親」相關的男性特質。

許多有過類似經驗的朋友會問我：「可是怎麼辦呢？『父親』形象對我來說，感覺就是這麼糟啊！」

這其實是因為我們還沒有真正了解到「父親」角色的各種面向，以致心裡纏繞著「一竿子打翻一群人」（我爸不好，全天下的爸也都不好；我爸批評我，全世界的爸也都會批評我）的情感糾結。當發現自己的心靈正被某個原型的陰影面所佔據時，最好的方式就是更通透地去認識他——你可以試著去尋找自己父親的過往故事，也可以去認識更多不同的父親的故事。

最終，我們會發現，所謂的「父親」，並不是只有我們以為的那個樣子，還有許多我們所不了解的樣貌。在這種不斷了解的過程當中，我們才能逐漸擺脫現實中負面的父親形象的影響，成為那個可以為內在提供勇氣、關愛和自信的「自己的父親」。

## 面對「父親」的原型陰影，可以怎麼做？

趁空時，翻一翻家裡的老照片，然後想一想，你對父親的印象（想像）是什麼？父親最常對你說什麼話（或者不說話）？父親對你而言是什麼樣的存在？這個存在的美好與不美好如何影響你的人生？

你覺得自己從「父親」身上學到什麼？有什麼是他可以做到，而你沒辦法的？有什麼是他沒辦法做到，但你卻可以的？

那些沒辦法從「父親」身上獲得的，你可以怎麼提供給自己？

## 皇帝原型（Emperor）——男人就是要出人頭地

**光明面：**能為他人和組織著想，有能力將團體組織起來。
**陰影面：**被體制壓抑，想獲得認同而無法成為自己，又對權力感到著迷。

「皇帝」也就是「國王」，是父權體系下的領導者，也代表我們對「父權」體制的想像與學習，隱含我們對於男性和組織領導者的期待。古時候的人認為，身為王者乃是一種天命，所以大多以代代相傳的方式，將王權交託在同種血脈的後代身上，強調君臣有別、遵奉倫常，彷彿也在告訴我們：人，生來就必須活在一個受到社會認可的框架與制度之下。

皇帝既是一種天命，就必然有與眾不同的特長，可能是天性聰慧、驍勇善戰，或是行事果斷、不怒而威。古時候的人稱國王為「國君」，意味著掌管一國之王得具有「君子風範」：在治理國家時，能夠開明而仁慈，多為他人的利益著想，還要能感受到人民的需求與痛苦，具備一副看得見未來的眼光。

簡而言之，皇帝的人生不能僅僅是他自己的人生，而是為了人民、為了國家而存在的人生。

就心理層面來說，「皇帝」原型既是我們心裡遭受環境體制束縛的那一面，也是我們期待獲得社會（大多數人）認同的那一面。因為感知到自己活在束縛底下，我們便會督促自己往更能獲得認同的方向前進，幻想如果有一天能走到那個權力頂端的位置，生命就不用再受限於人了。所以，「皇帝」原型也代表一種自我期許、一種鞭策自我向前的動力，他映照出我們心靈深處對於權力的執迷。

皇帝通常住在深宮內苑，如同國王往往深居高處的城堡，因此「皇帝」原型也反映了我們內心世界的孤獨，以及與現實環境的遠離。

接下來我要談談「皇帝」原型在逸先身上的展現。

逸先是一位聰明絕頂、非常有企圖心的男人，他的腦袋裡有許多創新概念，喜歡面對旁人所不能為的挑戰。只是，逸先對於要站上權力頂峰有很大的執著，而「頂峰」的定義對他而言，指的是開疆闢土的創業者，能夠擠進全球前幾大的富人；用逸先的語言來形容，就是要成為「上流社會」的一分子。

一介「平民」欲躋身「上流社會」，自然得付出許多代價。逸先找親友投資了幾個專案，沒想到錢都燒光了，還沒能如願成為「上流社會」的一分子，卻認識了幾位「上流社會」的千金小姐。幾乎不用經過考慮，逸先決定仿照八點檔男主角的發跡方法——娶個上流社會的富家千金，人生可以少奮鬥幾十年。其實這種想法也無可厚非，唯一讓人詬病的，是他和這些富家千金們同時交往。

最後，逸先選擇奉子成婚，和其中一位千金小姐結婚，即便他想要低調舉行婚禮，「上流社會」裡的消息卻傳得比什麼都快；其他被甩的女人們當然恨死他了，一狀告到他岳父大人耳裡去。岳父大人本就對自己女兒「下嫁」給一個不知從哪兒冒出來的無名小卒十分火大，聽到外頭的流言後，一氣之下就把女兒召喚回家，連兩人生下的「愛的結晶」也一併帶走。

逸先還沒撈到什麼好處，人才和錢財就全都飛了。然而直到此刻，他最心疼的仍然不是被他辜負的妻子和孩子，而是他錯失了進入「上流社會」的入場券。

逸先究竟為何如此執著於「上流社會」？我們從他的過去經驗來尋找脈絡，發現他年少時就讀的皆是知名的私立小學、中學：身為「平民」公教階層的父親，將身家財產全都砸在逸先這個獨生子身上，從小就告誡他將來一定要「出人頭地」，同樣的，他身處的教育環境也都在培育他未來能「出人頭地」。

逸先還在念國中的最後一年，父親得了癌症，醫藥費高得驚人，但父親卻拒絕接受治療，因為「這些錢是我兒子念書要用的」；父親臨終前，仍不忘囑咐逸先：「一定要出人頭地。」逸先還來不及和父親澄清「出人頭地」的定義，父親就在病床上嚥下最後一口氣。

那雙一直到最後都未闔上的眼睛，時常糾纏在逸先的夢魘中。父親是家中的權威，在他生前，逸先從未與他有過父子談心的時刻；在他死後，逸先接下了這份「出人頭地」的執著，繼續接棒行走父親還未登上的人生頂峰。

「這真的是你要的嗎？」逸先的富家前妻說：「我可以接受一個因為企圖心而和我在一起的丈夫，但我沒辦法忍受一個連自己要什麼都不知道、『沒有靈魂』的丈夫。」

這也是我們被自己心裡的「皇帝」原型給激發，變得拚命要獲得別人認同、成為人上人時，需要問自己的一句話：「出人頭地以後，我就真的能夠認同自己了嗎？」

## 面對「皇帝」的原型陰影，可以怎麼做？

分別寫下，你覺得別人眼中「出人頭地」的定義，以及你眼中「出人頭地」的定義。

從兩者「交集」的定義開始，去練習在你的生命當中實踐它。並且檢視，你有沒有不自覺地用兩者「相加」的定義來要求自己？

## 王子原型（Prince）——男孩的性別學習歷程

**光明面：**先天發展上的體能和才華的優勢。

**陰影面：**害怕失去天生優勢而感到恐慌，轉向欺壓弱小，缺乏同情心。

什麼樣的人會被稱為「王子」？在小學校園裡，不外乎是那些天生長得比較高壯、外表相貌堂堂、運動神經又發達的男孩，體能課時他們很快會成為全班關注的焦點；還有，課堂上反應快的、課業成績亮眼的、時常被老師點名去參加各種賽事的……。而上述這些特質又可能和家庭經濟狀況有所關連，富裕家庭有較高比例可以幫助孩子及早學習，打造美好的外在，或者有機會藉由物質層面來引導同儕間的潮流。

在每個孩子的群體中，也存在著一個隱藏的權力頂峰，那裡有令人羨慕讚歎的、美好的一切。「王子」原型便象徵著那些在童年時期，令我們感受到嫉妒與羨慕的人生境遇和特質，裡頭也隱含社會對於男孩性別的刻板印象與期待。

依照青少年心理學的觀點，體能和聰慧特質都屬於青少年的「優勢」，擁有這些特質的孩子，比較容易成為團體中的領導人物，因此有較多機會可以獲得表現自我的舞台，從中建構出自信心。從心理層面來看，這就好像古代「王儲」的養成，他們同時也被期待有領袖風範，能夠寬宏大量、憐憫、紳士般地對待周圍的人事物。

然而，「王子」也是不好當的，「天生的優勢」同時也可能造成他人對我們的過度期待，認為你應該要表現出一副「你應該表現的模樣」。至於那個模樣是什麼，當事人哪會知道？因此，要把「王子」搞瘋也蠻容易的，只要一人說一句對他的期待，「王子」很快就會被龐大的壓力給逼死了。

所以說，「王子」原型除了是我們年少時對他人的羨慕，同時也是我們對自我的期待；是一個備受尊榮的地位，同時也是青年人孤單的高塔；是一種享受，同時也是一種框架。於是，不快樂的「王子」原型悄悄地佔據人心，讓人變得自我膨脹、貪求權力，目中無人又缺乏同理心，持續下去，還可能變成無法在生活上獨立自主的成年人。

來看看下面的例子。

根據小學同學的形容，阿德小時候就是一位風度翩翩的「王子」：長相好、體格好、功課好，是小女生未來都想要嫁給他的那種類型。再講得誇張一點，就是他走出校門的時候，女孩們都會在旁邊列隊尖叫。不幸的是，進入青春期後，他臉上冒出了惱人的青春痘。

看到阿德臉上的慘況，他媽媽說：「寶貝，你一定是吃太多油炸的東西了。」從此以後阿德不再敢吃零食，飲食也盡量清淡。

可是，青春痘並沒有這麼簡單地放過阿德，仍然一顆接著一顆地長，熬夜念書所導致的內分泌失調，讓他的體型也一下子變得相當腫脹。之後，沒有女孩願意再對著他尖叫了，老師也不再派他代表班上參賽，偶爾還有人用鄙視的眼神對他小聲地說：「長得真是有夠像豬的！」

王子就這樣從高塔上摔下來了。

事情演變至此，身為貴婦的阿德媽媽又說：「不要管那些人，你跟他們完全不一樣。」於是，因為心裡那股需要維持自己與眾不同的衝動，阿德開始虐待家裡的小動物。他用立可白熏死眼睛所及的螞蟻群，棒打家裡可愛的小狗……，終於，他似乎擁有了一點「掌權」的感受。

漸漸地，阿德的暴力行為越來越大膽，有天他母親被叫到學校，處理他毆打同學至急救送醫的事件。一直到移送法辦前，阿德的母親還直嚷著自己的孩子不可能做出這種事。

「一定是你們誤會了。」阿德的母親用貴婦般優雅的語氣說。

「妳真是他媽的活在自己的世界裡！」看著母親的回應，阿德只是在心裡吶喊，沒有吭聲，因為心裡的「王子」原型不允許他脫口說出這麼粗魯的話。

這是一種封閉式的性別學習的家庭特徵：很多父母習慣用自己對於性別的刻板印象去教導自己的小孩，用直接或間接的方式來告訴孩子，哪些行為舉動是被允許的。外在的其他新觀念進不來，許多「王子」和「王子他爸、王子他媽」就變得活在自己的世界裡。

其實，如果能讓社會環境中的新訊息進到原本封閉的家庭系統裡頭，我們會發現：一個「王子」應該成就出什麼樣貌，可能性還很多，並且是可以自己選擇的。

## 面對「王子」的原型陰影，可以怎麼做？

想一想「小時了了，大未必佳」這句話，在你身上是否也能適用？哪些曾經你以為存在自己身上的光環，現在已經消失了？失去那些曾經擁有的東西，你的感受如何？

如果從此刻起，你可以再次尋找屬於自己的光環，有什麼是你後天能夠掌握和創造的？

## 女神原型（Goddess）——完美母親的源頭

**光明面：**優雅又具療癒性的柔美力量。

**陰影面：**放縱又自戀，濫用自己的性感特質。

具有神性的「女神」原型，榮格取向心理學家諾伊曼（Erich Neumann）給了她一個稱謂，叫做「大母神」（The Great Mother）。[3] 這在我們的集體無意識中，被視為一種最古老的原型根源之一，也就是我們對於誕生和孕育的記憶，對於生命最初被滋養的豐盛感受。

翻翻過去文獻，我們會發現許多部落和原始社會對於「女神」的記錄，多是「豐乳肥臀」的模樣，特別強調乳房和臀部這種連結著哺乳和生育功能的身形特徵。回到民間傳說裡的女神，也個個擁有姣好的女性身形，帶著慈愛光輝的神性色彩，是人類不可侵犯的莊嚴形象；在現實中，也常常是萬千男人「可遠觀而不可褻玩焉」的夢中情人。女神存在書裡、故事裡、藝術作品裡，是凡人無助時所盼望的柔性力量。

然而，在心理層面上，人們對於「神」和「女神」的祈求卻有所不同：嚴格來說，我們期待「神」來賜予勇氣，渴求「女神」的卻更是她的撫慰；而且「女神」的撫慰又不能太多，不能想要就給，要保持一點距離。所以，具有霸氣的女人被稱為「女王」，帶有孕育能力的溫柔的女性則被稱為「女神」，兩者形象之間有著截然不同的分野。

當然，「女神」原型也有她黑暗的地方——如果「女神」的撫慰過了頭，就會墜入凡間成為平凡人，變得太過性感而顯得淫蕩，引發人的貪婪、自戀與驕縱。女神只能是高高在上的，太過親近就違反了她完美的本質，也褻瀆了我們心靈中被擺放在高處的那片淨土。

我們再走近一點去了解「女神」這個原型的意涵，她其實也象徵我們在嬰兒時期，對於「母親」（子宮）角色的想像與憧憬。換句話說，我們對於「女神／大母神（大子宮）」的想像，也影響了我們和現實環境中的母親相處的體驗。倘若我們實際生活中的母親，是一種形象美好但卻無法親近的存在，就可能和我們內在的「女神」形象糾結在一起。如此一來，我們便空有對於母性的理想，卻缺乏母性的撫慰和體會，於是我們逐漸變成一個不會和自己內在母性力量共處的人，也變得缺乏撫慰、與人心靈交流的能力。來看看下面的例子。

在許多人的心目中，品潔就彷彿「女神」一般的存在：她高挑優雅、穿著飄逸，她應對進退合宜、EQ高得令人無可挑剔，她嗓音細緻、喊起名字來會讓人感到心頭一陣酥麻……，很多人日夜思念著她的倩影，幻想著她的懷抱是那麼溫暖無比。

3　埃利希・諾伊曼（Erich Neumann），《大母神：原型分析》（李以洪譯，中國：東方出版社，一九九八）。

有趣的是，品潔的婚姻大事一直進行得不太順利：前任男友離開她的理由，是說她「難以親近」；前任老公劈腿品潔的閨蜜，給她的理由是「妳沒有我也可以過得很好，她（閨蜜）沒有我卻活不下去。」品潔雖然心裡難過，還是忍著眼淚參加了閨蜜和前夫的婚禮，閨蜜的婚紗下藏著微微隆起三個月身孕的肚子，滿心愧疚地對品潔說：「我對不起妳，我和他真的是情不自禁。」

品潔搖搖頭，示意閨蜜要保重自己的身子；一同參加婚禮的好友看不過去，說要幫她打前夫出氣，她還是搖搖頭。最後，大夥兒一塊嘆了口氣，對品潔說：「妳真是個完美的女性！為什麼男人都不懂得珍惜妳這麼好的女人？」

閨蜜和前夫的婚禮結束後，她收到前夫傳給她的訊息，上頭寫著：「直到現在，我都懷疑自己其實還愛著妳；但也直到現在，我仍然覺得自己並不了解妳。或許是我真的配不起妳，只希望妳好好保重。」

品潔的眼淚終於滑落下來，心裡想著：「失去你，保重又有何用？」她還是收拾了行李，離開前夫留給她的房子。她將所有私人物品送上搬運貨車，回到那個養育她長大的原生家庭。她的原生家庭比前夫留給她的房子還要大，可是那裡頭只剩下一個老太太了。

品潔跳下計程車，走在前頭，為貨車司機打開房子的大門。只見老太太端坐在客廳的電視機前，旁邊站著一個畢恭畢敬的外籍看護，正小心翼翼地為老太太揉捏雙腳。

從老太太臉上，雖然看得出來她年紀已長，那股優雅的微笑卻毫不保留地透露出她年輕時的風韻；她對著進門的品潔說：「妳回來啦？那種男人不要也罷。」

「是的，媽，我回來了。」品潔謹慎地藏起方才對前夫的不捨，用優雅的女神般的微笑回應這位老太太——她的母親。

這或許就是身為「女神」最大的哀傷了：只要展現出完美的形象就好，只要優雅地將注意力放在別人身上就好，自己不能有太多憂傷的情感反應。否則，如果哀傷的感受不小心出來了，我們該如何擔負得起那種與別人親近後所引發出來的無法駕馭的內在衝動呢？

## 面對「女神」的原型陰影，可以怎麼做？

請用一至三句話來描寫你不喜歡自己的哪些特質？想一想，平常的生活中，這些特質容易出現嗎？如果別人看見這樣的你，會發生什麼事？如果遇到了一個你想親近的人，你會如何對他展現出這一面？

可否從今天開始，從剛剛的描述中挑出一樣特質，開放在你所喜愛並信任的人面前，並和他討論彼此的感受？

## 母親原型（Mother）——對於母性關懷的渴望

**光明面**：孕育和耐心，愛與關懷，相信自己的情感能被人接納。

**陰影面**：被吞噬不放、或丟棄不管的恐懼，在「獨立」和「依賴」間掙扎。

在客體關係心理學的概念中，心理學家把「母親」原型的意義形容為接納我們情緒狀態的「容器」[4]。也就是說，當我們因莫名情感佔據胸口而無法平靜時，母親要能接納我們的情感，透過她對這些情感的理解，回過頭來協助我們消化、反芻自己的情緒，於是在這個過程中，我們學會了情緒調節的能力。

在心理上，母親原型所象徵的「容器」形象，不只是情感上的接納包容，也代表人類的共同經驗裡，對於母親是「給予生命的人」這種深刻的記憶——我們從母親「容器」中誕生，因此母親「容器」也應該持續孕育和保護我們。

在正向的母親關係中，我們有著被她所愛、甚至溺愛的幻想，想像著自己被吸進母親「容器」中，安穩地有所依歸，共同生存且永不分離。然而，過度吸入則變成一種「吞噬」，當母親將我們含在「容器」中不肯放手，我們的視野就困在「容器」的方寸間而變得狹隘；在「容器」裡頭被保護太久，我們就不知不覺地失去自我生存的能力。

相反的，有時我們也會遇上丟下我們不管的母親「容器」，她雖扮演「孕」的功能，卻不願「養育」，拒絕成為我們幻想中的完美容器，讓我們的人生感受到重重挫折。於是我們心理上產生了某些糾葛，因為害怕被容器丟棄而感到恐慌，有時卻又生氣地想要和「容器」保持距離……。「依賴」和「分離」變成我們心理上無止盡的爭戰。

還有一種進擊版的母親「容器」，因為她自己對「容器」（她母親）的想像和要求無法如願，就反過來要求孩子不應該依賴母親的養育功能，甚至控制性地期待孩子成為自己心目中的模樣。如果孩子還處於自我功能尚未長成的幼兒期，遇上這種與其心理發展狀態不符的期待時，很容易被引發內心過度依賴母親的罪惡感，形成低自尊的人格。

從下面的例子中，我們一同來看看「母親」原型的陰影面如何影響我們的現實生活：

湘凌是個非常不喜歡被管的人，她剛進入職場時，對於主管想要指示她如何完成交辦任務這點，感到非常不舒服。湘凌覺得自己只要將成果報告給主管就好了，只要主管一想追問她的

4 「容器」既是《大母神》中所形容的母親子宮的象徵，也是精神分析師威爾弗雷德・魯普萊希特・比昂（Wilfred Ruprecht Bion）的著名理論。在比昂的眼中，嬰兒會投射各種原始的、他無法消化的東西到母親身上，母親一開始也不一定能消化，但她的心智就像容器一樣，會將這些原本無法思考的內容轉化為可以思考的思想後，再回饋給嬰兒。

行事細節，她就不自覺地感到耳根子發熱，心裡有股微慍的怒火。經過覺察，湘湊發現這是一種不被信任的、不斷被壓迫的感覺。用「母親」原型的概念來看，這種壓迫感來自於被對方（容器）吞噬的恐慌。

雨恩有喜歡當和事佬的毛病，如果團體中有人吵架，她就會對那種僵持不下的氣氛產生反應，不自覺地做出某些事情，想要讓那些爭吵的人回復喜悅。經過覺察，雨恩發現她是想要阻止那些吵架的人離開這個團體。用「母親」原型的概念來看，雨恩心裡隱藏著被拋棄的恐慌。

類似的狀況也發生在阿翔的身上。阿翔最怕和女朋友吵架，雖然兩人已經交往多年，但每次發生爭執時總是阿翔讓步，放棄自己的堅持。經過覺察，阿翔發現自己非常害怕因為自己的固執，會讓女友感到傷心而離開他。

當出現上述的情緒狀態時，其實就是想要獲得對方關愛的時刻，當然，背後對應的或許是我們過去回憶中那些不被關愛的時刻。通常在這些時候，我們會把焦點放在與我們產生情感糾葛的對象身上，不自覺地埋怨他們用情感的手段來壓迫我們，迫使我們產生某些行為——這種心情很像童年時面對自己的母親（或照顧者），想保有自我又不想讓她失望，情緒的張力就只好不斷往自己內心深處擺放。

在這樣的關係中，「權力」佔了上風，代表彼此關係連結的「愛」居於下風；暗藏在「母親」原型陰影中的被吞噬感和被拋棄感，就在這種權力佔了上風的狀況下席捲我們的內心，使我們的自我覺察力被情感淹沒，失去可運作的功能。因為感受不到關係的連結，我們只想要求得對方的關愛，而忘卻我們更需要去關懷自己。

知道自己可以在這種時刻重新啟動覺察力後，湘凌、雨恩和阿翔分別發展出面對上述情緒的內在語言：

被主管追蹤時，湘凌會深呼吸並且告訴自己：「不是主管真的不相信我，而是我害怕他不能相信我。所以我要多給他一些時間，讓我們可以學習彼此相信。」

又想要跳出來當和事佬時，雨恩會這麼告訴自己：「先等一等，再觀察一下，我可能會發現情況其實沒有那麼糟。」

阿翔則是問問自己，究竟想不想一輩子壓抑自己的心情來和女友相處？他的答案是否定的，所以在和女友爭吵過後，他學習將自己在意的地方拿出來和女友溝通。

這就是「母親」原型存在的重要，我們試著超越那種被「權力感」淹沒的情緒狀態，用一種成人的角度將「愛」的連結提升到意識層面，學習做一個有能力沉澱自己的情感、表達內在需要的人。

能夠願意將內在的自己表達出來，就是一個朝向自我關愛的基礎了。

## 面對「母親」的原型陰影，可以怎麼做？

回顧過去一週中，那些讓你感到不舒服的人際情境，將它們記錄下來。

找出一個容易引發你不舒服感受的對象，反覆思考你們之間發生的情境通常是什麼？他會說什麼話讓你覺得不舒服？這個不舒服的感覺，背後的意義是什麼？

如果你可以對他說些話，你會想要表達些什麼？你是否曾將這些想說的話向他表達了？如果還沒有，原因可能會是什麼？你能否覺察到你無法表達背後的擔憂？

請寫下來，下次發生類似的情境時，你可以用來告訴自己的一句話。

## 女皇原型（Queen）——一個女人的成功，就是當成功男人背後的女人

**光明面：**運用情感的智慧，來解決、協調家庭和組織裡的問題。

**陰影面：**在剛柔之間感到衝突，或陷入激進的控制欲當中。

講到「女皇」，有人會想起差點毀滅唐朝的一代女皇武則天，有人會想起英格蘭和英國的兩位伊麗莎白女王。在大部分王朝的歷史上，女性還是難以被人聯想到「王者」的位置，除了先天的體能、或傳統誤認的智能上（不若男性）的限制外，也因為女性多被認為是較情緒化的、喜於（宮廷）鬥爭的……，而這些特質都不利於國家和公司組織的治理。所以談起「女皇」這個原型，總有幾分令人感到畏懼、退避三舍的空間。

從心理層面來解讀，「女皇」原型形同一種強勢的女性形象；佛洛伊德曾暗喻強勢的母親會對孩子性格發展產生不利的影響，比方說，可能養出「軟弱的男孩」和「恰北北的女孩」。在傳統的想像中，女性的強勢幾乎不會有什麼好下場，所以「女皇」原型的陰影層面，總讓人聯想起控制欲強、傲慢的女性，而這也代表她們不願好好待在自己的本分上，表現出撫慰與養育等溫暖特質的一種展現。

比起統治者的角色，我們更習慣於將「女皇」原型想像成「皇后」的角色，是站在男性身邊的輔助者，是成功男人背後那位偉大的女性。她要慈愛謙卑、要知所進退、要恪守本分，要在適當的時刻放掉權力，要懷抱成全他人的胸襟。「女皇」不被期待是那個權力頂端的支配者，反而應該是最有能力「以柔克剛」，用溫柔承擔起一切的女性代表。

因此「女皇」原型本身是彆扭的、也是矛盾的形象，是人們對於完美女性的期待，也是女性怎麼努力都無法超越自己（性別）的象徵，特別在伴侶關係中，不自覺地會對自己沒能成為「成功男人」背後的推手而產生罪惡感。

一起來看看下面這個例子。

宛如從小就傑出優秀，而且不是只有課業，舉凡她有心想做的事情，一學都馬上上手，很多時候還無師自通，就連打架都比鄰家男孩技高一籌。宛如也是家族裡第一個出生的孩子，長女加長孫的身分，讓她在家族裡承擔莫大的壓力。特別是每當她表現良好時，明明心裡預期的是長輩的誇讚，但偏偏宛如得到的總是這樣一句話：「可惜呀，真是生錯性別，如果是個男孩該有多好？」

她的母親也為了這句話，一胎一胎地拚下去，期待生出一個長輩們眼裡「真正好」的兒子，沒想到胎盤連落下五個，卻沒有一個娃兒天生帶把，生了五個女兒。母親的眼中因此堆滿了憂鬱，宛如看在眼裡，就更想為母親爭一口氣。於是，她高中跳級考上大學，碩士班又直升博士班，畢業後是一家外商公司的臺灣代表，沒想到回到家族裡，她的阿嬤仍舊對她說：「真是優秀啊，如果是男生該有多好？」

她為了事業上的成就而荒廢婚姻，阿嬤也說：「女人家那麼厲害做什麼？趕快去嫁人。」只是男人們看到宛如都敬而遠之，個個離她遠遠的，於是阿嬤又說：「妳就是太厲害了，男人才都怕妳。」反正不管她做什麼，阿嬤都有話可說就是了！

最妙的是，當阿嬤「數落」宛如時，母親也只是悶不吭聲地站在旁邊。宛如忍不住問母親：「妳就這樣傻傻地聽她唸我，不會替我講幾句話嗎？」

「妳要我說什麼？我不是跟妳一樣，都是女生？」母親悶悶地回她。

宛如生氣地扯出存放在母親嫁妝箱子底層、用毛筆字謄寫的大疊獎狀，飛揚的字跡上寫著母親的名字：學期成績第一名、模範生、全校楷模、校長獎、說故事比賽冠軍……。「女生又怎麼樣！妳本來不是最優秀的那個嗎？」宛如心裡充滿憤怒，瞪著母親，還有母親身旁那個喝得酩酊大醉的父親。

「最優秀又怎麼樣，還不是女生？最後還不是要嫁人？」母親說，一邊為睡著的父親擦拭身上發臭的汗液。

「就是這樣，我才不想嫁人。」宛如心想。過去她曾和幾位男性交往，但光是談到「如果兩人都要加班，誰去接小孩？」這個話題，就會吵到缺乏共識而分手。

「女皇」原型本身，就參雜著「女王」和「皇后」雙重意涵的矛盾。在宛如心裡，一個家庭就是一間公司、一片國土，她既沒有把握找得到一位具有「皇帝」才情的男人，又不相信自己能和一位男性在同個山頭上和平共存，那麼，她不如及早割除「皇后」這個角色，當個「女王」就好。

因為內心存在著這種情感，宛如預設全天下男人都是（配不上她的）庸才，只是，這種預設也讓她雖然在職場上已經是個叱吒風雲的女王了，卻仍然無法真心感到快樂——那是一種即便獲得全世界，也沒辦法獲得別人認同、獲得自己認同的不快樂。宛如雖然從「女王」這個面向上獲得成就感，但她卻沒有好好哀悼，自己沒能像母親一樣成為家庭（男人）背後推手的失落感。

### 面對「女皇」的原型陰影，可以怎麼做？

想一想，自己內在對於「成功男性」和「成功女性」的定義，並且一條條把它寫下來。仔細檢視每一條項目，哪些是你重新檢視後仍覺得認同的？哪些是來自你原生家庭對你的影響？

之後，請重新寫下，你覺得自己該成為什麼樣的成功男性或女性。

## 公主原型（Princess）——女孩的性別學習歷程

**光明面**：美麗而柔弱的女性特質，容易受到旁人保護。
**陰影面**：與柔弱相對的刁蠻強悍特質，讓旁人感到挫折。

雖然同樣象徵年少時期令我們羨慕又嫉妒的特質，但「公主」原型卻和「王子」原型有著本質上的差異：「王子」原型是強壯且獨立自主的，「公主」原型卻是浪漫美麗、柔弱且等待拯救的。

只要去翻一翻童話故事、民間傳說、神話寓言，在近代之前，越古老的版本，大家都不約而同地把「公主」塑造成手無縛雞之力的天真女孩。因為善良、單純，所以「公主」都容易上當受騙；因為脆弱又美麗，所以每個路過的人都會被她吸引。不論壞人或好人，大家都想要拯救「公主」，或者把「公主」當成許給英雄的「禮物」。公主從頭到尾只需要天真浪漫地躺在那裡就好了，她們越柔弱，就越能創造出浪漫偉大的事件。

因此，「柔弱」是大家對「公主」原型的想像，相對來說，「刁蠻」就變成「公主」原型身上被排拒的那一面。刁蠻公主一點都不浪漫悲傷，還非常任性；因為她很潑辣，所以一點都不需要被拯救；她不會激發王子或英雄的憐惜，反而令他們覺得沮喪；她可能還很愛嫉妒，在生活中興風作浪。

換句話說，「公主」原型的存在會蠱惑我們對於性別表現的認同，也就是我們認為「一個女孩子就應該要怎麼樣」的心靈源頭，影響我們在前往自我性別認同的道路上，如何看待與評價自己。比如下面例子中，杏娟和純如這對好朋友，就彷彿「公主」原型光明與陰影的呈現。

杏娟還是個小女孩時，長相就相當「公主」，行為舉止也非常「公主」。明明只是「喝飲料」這個舉動，吸管拿在她手上，她才輕啜一口，微偏的腦袋就讓人覺得好心疼，想要上前去關心她是不是飲料太冰了，令她身體不舒服？

杏娟的好朋友純如就是這樣與她相識的。純如說，每當和杏娟相處時就是有種著魔的感覺，忍不住要為她做點什麼。

後來，杏娟和純如都長大了，成為大學校園裡荳蔻年華的輕熟少女。純如和一位運動型的男孩開始交往，卻不忍放下身旁還無伴侶的杏娟，總是偕她一同出遊。

某天，他們三人從北部開車遠行，到遙遠的東部海岸去看海，車子在路上開了許久，還沒到目的地，杏娟就顯得臉色發白；純如從後照鏡看了，內心相當擔憂，急忙叫男友停車在路邊。果然，杏娟一下車就軟弱地倒在路旁乾嘔，一副暈車很嚴重的模樣。

「我去幫妳買點水。」純如拿起錢包，往公路旁邊的便利商店衝去。等她回到原地，卻看見自己的男友在幫倒在路邊的杏娟拍背，親密的曖昧感看在純如眼裡滿是火大。

「喂，妳的水。」還來不及釐清自己心頭的感受，純如只感覺一陣醋意襲上心頭，語氣低沉地將水拿給杏娟。

「謝謝。」杏娟弱弱地說。

「喂，妳幹嘛那麼凶啊？」眼看男友的手還沒離開杏娟的肩頭，就冒出一句責備純如的話。

「幹嘛，你心疼啊？」純如心裡充滿委屈，頭也不回地向後跑走，腦海中不自覺地浮現小時候被父母親責備的感覺：「好好一個女孩子，卻沒有一個女生的樣子。」

「喂，妳發什麼神經啊？跑去哪兒？」對於純如突如其來的反應，男友感到相當困惑。

「你趕快去找她，不要管我啦！」杏娟邊咳，邊對純如的男友說。

遲疑了一會兒，純如的男友回答：「算了啦！不要理她，不會有事的啦！我看她等下就自己回來了。」

純如在遠處看著，心裡有種自己淪落為「丫鬟」的感覺。回家以後，純如就決定遠離杏娟，和她斷了聯絡。

「公主」原型是女孩們心頭上既想成為、又亟欲擺脫的「陰影」，許多女孩排斥自己身上帶有「公主」特質的模樣，卻不想承認這可能也是一種對於「公主」原型的執著。如果沒辦法好好去體察「公主」原型在我們內心深處的分量，而只是懷抱輕視地覺得：「那是我最不想成為的樣子。」那麼，或許那些「公主」樣貌的人就會時常出現在現實生活中與我們對抗，提醒我們，或許自己內心深處還有不曾注意過的、失落的公主夢想。

那是一種在性別學習路上，「女生怎麼沒能好好地像個女生」的失落感。這種感覺需要的是我們的覺察，而不是排拒。

### 面對「公主」的原型陰影，可以怎麼做？

檢視自己身上「非主流」的性別特質，並且一條一條把它寫下來。接著，用「優勢」心理學的概念，來思考這些特質的一體兩面。

比方說，「刁蠻」特質另一個面向是「有主見」，「散漫」的另個面向特質是「隨和」……。你能否試著找到，自己身上每一項非主流特質的優勢因素？

## 戀人原型（Lover）——生命投注熱情的所在

**光明面：**高度投入的熱情，全心全意為外在人事物奉獻與付出。
**陰影面：**痴戀與執著，重複童年時期未被滿足的情感，朝向毀滅性行為。

所謂的「戀人」，大概是除了父母親之外，第一個能引發我們強烈情感、令我們神魂顛倒的人了。在心理上，「戀人」原型象徵我們對外在人事物的浪漫與熱情，讓人願意全心全意地投入、奉獻與付出，到家庭以外去尋找更精彩的生命價值。

「戀人」原型的陰影面，則意味著一種「執著」。當我們對人事物的熱情達到失去自我掌控力的地步時，就變成一種「迷戀」、「痴戀」、「狂戀」，因為太過渴望，就變得不能沒有。於是，我們年幼時未被滿足的地方，也會隨著這種「執著之戀」而被激發出來，比方說：重演童年時對於分離的害怕、想要逃離掌控性父母的心情、渴求缺席父母而不可得的怨恨……。所以「戀人」原型時常趁我們覺察力薄弱時，和其他原型（特別是「父親」和「母親」原型）糾結在一起，變成掌控我們情緒的巨大陰影。

用榮格心理學的概念來看，「戀人」原型的發展是有層次的——榮格曾經用幾位神話故事中的經典人物，來象徵男性與女性內在對於愛戀的不同形象層面的追求。若將這些層面整合來看，其中包括：追求身體線條的性愛形象、具有引導性的獨立自主形象、啟發心靈深度的神性形象，以及誘發靈感的創造力形象。所以，當「戀人」原型的熱情投注到親密關係上，我們對於伴侶就會有一種過於理想的完美想像，以為眼前這個人（伴侶）可以滿足我們心靈不同層次的面向，卻終究發現原來這只是一場幻想。

幻想破滅後，才是熱情能否持續的考驗。比方說，一個母親從事靈媒工作的男孩，在戀愛啟蒙階段，可能先傾向於追求能夠一起探索心靈深度的戀人，等到進入婚姻之後，才開始探索性愛方面的形象；所以他娶了一個不食人間煙火的老婆，卻意外地發現老婆的女性特質竟是那麼索然無味，轉而迷戀起路上穿著緊身衣的性感女郎。又比如，另一位男孩的母親性感而貌美，因此他戀愛啟蒙時也以交往性感美女為職志，在情慾被滿足後，他突然驚覺眼前的美女原來是胸大無腦，轉而戀上那種聰明絕頂卻面貌平凡的上班女郎……

「熱情」是一種內在能量，當裡頭缺乏意識的覺察時，就彷彿無腦的衝動而已。在持續的自我覺察下，我們才能發現自己心靈上的發展與轉變，用一種適當的方法往自己還未擁有的層面去追求。這也是一種透過親密關係朝向「整合」的心靈力量，就像在玩拼圖一般，我們的人生也會不自覺地重複撿拾的動作，在關係的刺激當中，把那些心靈的缺塊找回來，直到自己心靈回復豐盛的感覺為止。「戀人」原型，就象徵我們心靈朝向的熱情所在。

只是，當親密關係發生時，我們常常以「我」和「他」的角度在看待之：因為「我」是個什麼樣的人、「你」是個什麼樣的人，所以「你和我」是「適合」或「不適合」在一起的。然而，回到「戀人」原型的概念，原始本質談的卻是一種「熱情的投入」，也就是說：「我們」能不能一起嘗試去成為什麼樣的人？

我們再回到前面提到的，有個靈媒媽媽的男人的故事裡。如果這個男人能夠覺察，並且善用「戀人」原型的功能，他便可能先去學習和他身邊那個不食人間煙火的老婆，一起嘗試探索性愛層面的快樂，而不是熱情一來，就盲目地尋找路上的性感女郎談戀愛。倘若如此，我們會說這個男人落入了難以駕馭內在熱情的「戀人」原型的陰影面，所以他無法等到結束一份熱情之後，再開啟內在新的熱情。當我們的內在熱情毫無分寸與界限可言，現實環境中的關係也可能因此變得混亂。我們空有熱情，卻難以駕馭它，就反過頭來被這股熱力所吞噬。

所以說，「戀人」原型的存在不是為了讓我們面對不同人事物時感到心猿意馬，而是學習在同一段關係、同一位伴侶、同一份工作、同一種處境上，去尋找不同層面的心靈需求的整合。

「戀人」原型不是只為了美好而存在，而是將在熱情投入中所知覺到的痛苦，納進內在，形成面對未來的韌力。「戀人」原型也具有一種「超越過去」的意義，在一次次投注熱情的過程中，逐漸發生不同於上一次經驗的更成熟的表現。

### 面對「戀人」的原型陰影，可以怎麼做？

數一數，你過去曾經「熱情落空」、空歡喜的經驗，並將它們記錄下來。

想一想，這每一次的經驗中，你是如何度過的？

請為你每一次度過的方式，以一到十加以評分。檢視一下，隨著時間進展，你是進步或退步？

## 友伴原型（Friend）——是敵人還是朋友？

光明面：群體生活的學習，能在與他人相處中找到自我的價值和立足點。

陰影面：「競爭」和「被人取代」的害怕，過度敏感以致對人際關係產生恐慌。

在很多人的生命中，最初的「友伴」指的是擁有相同血脈的「手足」，或者因為某些地緣關係而產生頻繁相處契機的「替代性手足」。總而言之，「友伴」不同於「父母」，也不同於

「戀人」，是一種保有更為純淨的情感特質的同齡（近齡）夥伴。

只是，有人存在的地方就有比較、就有競爭，「友伴」常常無法只是一起玩樂而已，隨著身心的發展，我們和友伴之間的差異會逐漸浮現出來：身形和長相的區別會越來越大，思想上也會開始產生觀點的落差。然後，在周圍的婆婆媽媽、公公爸爸的閒聊中，這些差異和區別越來越被放大——我們開始體會到所謂的「異體感」而非「一體感」，心情上浮現一種失落，使我們開始困惑於如何拿捏人我之間的距離？矛盾於對那些自己所喜愛、能力卻高出我一截的友伴，究竟該是支持他，還是詆毀他？

「友伴」原型的存在，深深地影響了我們對於自我價值的感受。

在心理層面上，「友伴」的意涵代表一種群體生活的渴望與學習。因為「人不能離開群體而生活」，所以我們需要從友伴相處中，去尋找與探求自己在社會上的定位。當我們心裡有個正向的「友伴」原型，就像擁有一個優質的輔助者，使我們學習脫離自我狹隘的角度，用體諒與關愛的眼光去觀看世界的全貌。

然而，當「友伴」原型的陰影面籠罩心靈時，我們感受到的是一種「競爭」、「被比較」的害怕。這種恐懼感會阻撓我們付出真心去獲取真摯的友誼，去和社會建立關係，讓我們活在自己的圈子裡，因為過度敏感和對他人的不理解，而不知不覺地產生對社會的恐慌。

我們來看看接下來的兩個例子：

雅琪和曉君是一對剛認識的朋友，算不上熟，但兩人的共同朋友覺得她們的工作性質非常相像，所以介紹她們認識，互相學習交流。才剛和雅琪聊了幾次，曉君就覺得她們氣味相投，未來的確有許多發展合作的空間。不過有趣的是，只要一離開彼此聊天的情境，曉君回家後看到雅琪在臉書上po出工作點滴，心裡卻有些不是滋味，無法控制地想像雅琪在向自己示威，而不自覺地想要比雅琪有更好的表現。

文惠和玉嫻則是認識多年的老朋友。對於玉嫻耿直的個性，文惠可是一清二楚，更明白玉嫻的直言讓她在外面得罪了不少人，而通常玉嫻都沒有那個意思。某天，文惠在共同朋友圈裡聽到了別人對玉嫻的批評，仔細一聽，內容大多是對於玉嫻的誤解，讓文惠有股想要為玉嫻說話的衝動。然而，整場閒聊過去之後，文惠卻發現自己居然沒有採取任何護衛玉嫻的舉動，她陷入一種罪惡感中，覺得自己似乎有些不夠朋友。有趣的是，再下一次有同樣機會時，文惠仍然忘記要幫玉嫻說話。

上述兩個例子都可以視為「友伴」原型陰影面的展現。為了接近群體，我們有融入別人的渴望，但卻不自覺地用別人價值的低落來提高自己的價值。這背後藏著兩項心理因素：

1. 我們無法信任友伴關係，就是不相信自己有跟別人相處與合作的能力。
2. 我們無法承受得起被比較的感覺，就是不相信自己的能力會持續往上提升，害怕自己會處於停滯的狀態。

所以，「友伴」原型陰影面的出路，通常是找到能夠充實自我內在的管道，以及社交學習的技巧。當內在有一個自我相信的穩定基礎了，我們才會學習在人群中、在團體裡，找到自我的一席之位。

## 面對「友伴」的原型陰影，可以怎麼做？

請用一到十分，來為自己與別人相處的社交技能評分，評分的內容可以包括：聆聽、同理、回應他人的能力，幽默感，表達流暢度等等。並且想一想，你是否有提升自己社交技能的實際需要？如果有的話，你可以做些什麼來提升？

請用一到十分，來為你的自我價值評分。問一問自己，你滿意自己的分數嗎？你傾向於喜歡或不喜歡自己？或者這個分數感受是會浮動的呢？你可以做些什麼，來提升你對自己的喜歡？

從外面看事件的人，只看到已經發生的，所以事件永遠都是一樣的；從內在看事件的人，知道一切都是新的，雖然發生的事件永遠是一樣的，但人類深具創造性的深處卻不是永遠一樣的。事件本身不具意義，事件在我們之中才變得有意義。我們創造了事件的意義，意義永遠是人為的、是我們創造的。

因此，我們在我們內在尋找事件的意義，未來之路將變得明顯。

事件的意義是我們創造救贖之路。

**榮格．《紅書》**

# 自我覺察活動・書寫練習

看完第一部分與「情感」有關的潛在原型，或許你已經發現，日常生活中許多無法控制情緒的時刻，原來是和過去曾經歷過的恩怨情仇有關。接下來，我們要透過三個書寫活動，來整理那些過去經驗對我們現在生活的影響。

## 活動1：整理你的「家庭圖」

請整理你的家庭成員關係，家庭圖要畫到多詳細全由你決定。若要我提供簡單的建議，我會認為，你可以寫下任何閃過你腦袋的家庭成員。此外，雖然有專業上建議的符號標示，例如：正方形代表男生、圓形代表女生，從左到右代表排行的大小，從上到下是不同的世代，夫妻是男左女右……；你也可以另外用自己喜歡的線條和顏色，來標註家庭成員之間的關係。當你完成家庭圖後，建議一併寫下你的發現和感想。

示意圖：

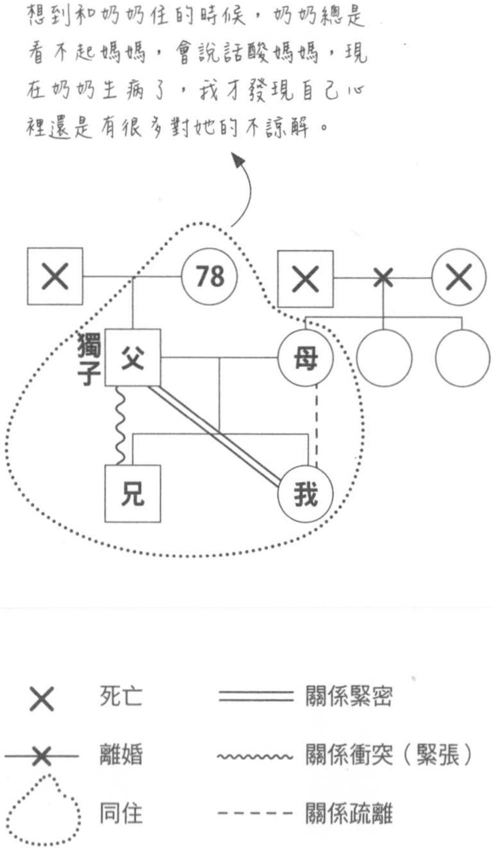
想到和奶奶住的時候，奶奶總是看不起媽媽，會說話酸媽媽，現在奶奶生病了，我才發現自己心裡還是有很多對她的不諒解。
78
獨子
父
母
兄
我
死亡
關係緊密
離婚
關係衝突（緊張）
同住
關係疏離

## 活動2：繪製你的「生命線」

整理好家庭成員的關係後，再來整理你曾經發生過的、重要的生命轉捩點。在左頁圖中，你可以看到一道帶有箭頭的長線條，從左到右代表的是你從零歲至今所經歷過的時間，線條的上方代表令你印象深刻的、開心的、正向的經驗，線條下方則代表不開心的、負向的經驗。這件事情令你越開心，就請你在線條上方，將代表這件事的圓點的高度畫得越高；越不開心的事情，則越往線條下方去點。在你標記生命中的每個重要轉捩點時，可以簡單註明這件事情的名稱；當你將所有記得的轉捩點都標記出來後，請依序將點與點之間連線起來。同樣的，完成生命線後，一併寫下你的感想與發現。

示意圖：

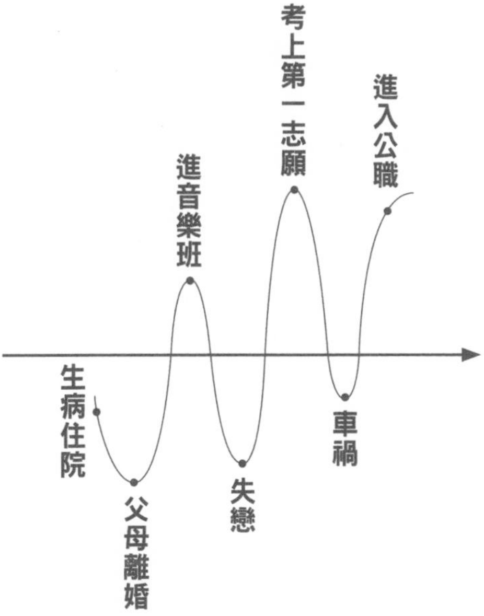


從沒有這樣看過自己的過去，才發現外表看起來開開心心的我其實還是記著很多不開心的事，也大概了解自己沒自信的來源。

## 活動3：完成「情感原型與重要他人檢核表」

整理完家庭圖與生命線後，現在回到情感原型的內容來做自我檢核。你可以重新複習每一個原型的意義，並將這些原型讓你聯想到的、曾經出現在你生命中的人物，記錄在如左頁的表格中，然後寫下這些人對你的人生所產生的正面及負向影響。

記錄完表格以後，請拿出一枝不同顏色的筆，將你決定要保留在未來記憶中的人物圈起來。如果可以，請在旁邊稍微註明一下你把他留在回憶中的理由。

範例請見左頁。

## 情感原型與重要他人檢核表

| 原型 | 人物聯想 | 正面影響 | 負向影響 |
|---|---|---|---|
| 霸凌者 | 王小花（曾經對我說我的成績那麼差，可以去跳樓了） | 我開始練習打籃球發洩 | 我的成績好像真的沒好過 |
| | 陳大明（說我什麼都好，換個頭就很完美） | 學習打扮，穿適合自己的衣服 | 對自己的長相很自卑 |
| 英雄 | 隔壁鄰居林哥哥 | 被欺負時有人可以依靠 找伴侶時參考 | （暫無） |
| 神 | 作家劉 X | 挫折時總會閱讀他的作品，對寫作產生興趣 | 變得不太愛與人講話 不愛講話不一定不好，這也是我 |
| 父親 | 國中數學老師 | 比真正的父親更能激勵我 | 我發現自己對父親的埋怨 待解的功課 |
| 皇帝 | 主管 A | 學習做事的效率 | 給我很大的工作壓力，擔心自己達不到要求 待解的功課 |
| | 父親 | 養成做事不輕易放棄的習慣 | 讓我討厭大男人主義的人 待解的功課 |
| 王子 | | | |
| 女神 | | | |
| 母親 | | | |
| 女皇 | | | |
| 公主 | | | |
| 戀人 | | | |
| 友伴 | | | |

（以此類推）

第 3 章

# 那些固執的想法，<br>往往是我們不願接受自己的部分

## ——陰影中的「思想」原型

# 思想共通原型

## 破壞分子原型（Saboteur）——去你的狗屁框架！

光明面：面對心裡的自卑感，找到不再自我設限的方法。

陰影面：破壞性衝動，為我們在後天教育環境中所受的壓抑抱屈。

「生存」本身，對人而言或許是件有趣的事情；但身為一個存活下來的人，我們大多知道求生的過程需要經歷多少困難。

這感覺就好像我們小時候犯了過錯，被父母關在門外，不被允許進入家門；我們在外面可能覺得很冷、很生氣，想要指責這麼對待自己的父母，但又不得不去討好父母，想辦法讓他們消消氣，放我們回到屋子裡。

在那一刻，我們終於體會到自己有多麼渺小，我們學習到把自己的需要、渴望、情感，全部都隱藏起來——「呼吸小聲一點」、「說話輕一點」、「少惹一點麻煩」……。我們把自己縮到最小，小到幾乎讓人感覺不到我們的存在，好讓我們能夠保護自己存活下去。

每個人的生命中，或多或少都有過這種體會。

然而，那些原本在幼小時候用來保護自己生存下去的內在聲音，長大以後卻可能轉成內心世界一種具有迫害性的聲音，變成一種批判，覺得自己不該那樣做、這樣做不對，以致壓抑了通往內在本性的路。我們既沒辦法好好地成為一個「像自己的人」，又沒辦法徹底死心當一個為了「遵循禮教」而違反本性的人。

於是我們的心靈變成一種洋蔥般的存在，從家庭到求學、從學校到職場……，不同環境催化出不同的生存樣貌，就像穿起一層又一層的殼，逐漸把我們的原始心靈包裹起來，直到有天我們幾乎忘了它最初的模樣。

事實上，本性哪會消失呢？它始終在那裡，就在心靈深處的核心。即便我們的意識上不見得能將它指現出來，但我們內在卻清楚明白。

如此一來，會發生什麼事？

我們心裡可能有一座沉睡的火山，裡頭承載著蓄勢待發的叛逆，但也隱藏著對自己的缺乏自信。所以我們不敢光明正大地把自我真正的想法表達出來，而只能用一些隱晦且具有破壞性的方式來加以展現；同時我們無法肯定自己的能力，就只好去削弱別人的能力，並且無形中阻礙自己走向成功與光明。

這座蓄勢待發的火山，就是我們心底的「破壞分子」，暗地裡為我們在後天教育環境中所受的壓抑而抱屈。

阿強便是一個心底「破壞分子」能量特別強大的典型。他在公司裡頭是出了名的好好先生，看起來一副不帶威脅感的無害生物模樣，然而幾乎沒有人知道，夜深人靜時他總在忙著寫同事的黑函——尤其是老闆跟前的大紅人阿修。表面上看來，阿修是阿強的同期好友，兩人常常下班後一塊兒去喝酒，但阿強的目的，卻是想從阿修口中套出可以讓他在老闆面前打小報告的把柄。阿強將身心所有的能量都花在打擊別人，以致他沒有空好好經營自己，至今在老闆面前仍是個無名小卒，沒辦法在檯面上變出什麼像樣的把戲。心情鬱悶的結果，阿強撰寫黑函的能量又更加強大了……

小柔身上也出現類似的狀況。她有一對望子成龍、望女成鳳的父母，還有一位飛龍在天的傑出兄長，讓她深刻感覺到自己的成績表現是多麼黯淡無光。長久下來，小柔心頭有種孤單、生活缺乏意義的空虛感，每天早上只要一起床，她就開始懷疑自己活著的目的。終於有一天，小柔翹課去逛了連鎖服飾店，試穿衣物時，她心血來潮地想要偷走自己試穿的衣服；最後，她冒著風險成功地竊取了目標商品。從此之後，小柔就開始以幹這種壞事為樂，即使每次經驗都讓她膽戰心驚，卻也讓她暫時排解了升學主義下的龐大壓力……

上述的狀況，都是藏在我們情緒背後的「破壞分子」原型。

當「破壞分子」的陰影面浮現時，就好像被許多教條給捆綁，使得全世界彷彿沒有一處足夠安全的空間來支持我們自由自在地探索自己，壓抑的負面能量累積成一股強大的破壞性，讓我們看周圍的某些事物不順眼，好想透過破壞一切來改變那些討人厭的現況，卻又對這些無端的想法感到煩惱。所以說，「破壞分子」堪稱我們最難去接受、去擁抱的一種心理原型。

然而，只要深入理解，我們會發現「破壞分子」原型所引發的負面情緒，是因為在接受教育的過程中，某些本能、快樂的自己被社會的框架給壓抑住了。當受到周圍環境壓抑時，我們會開始否定自己原本的喜好，內心深處也會升起一種自卑感，讓我們無法相信自己有被愛、被肯定的能力，甚或好好活著的價值，於是我們內在不斷冒出阻礙自己施展能力的衝動。

怎麼辦才好？

當覺察到「破壞分子」出來生活中搗蛋時，有一個非常重要的意涵，代表我們正在衝撞自己內心的侷限與框架，在想辦法衝出一條不再囿限於過去的道路。所以說，「破壞分子」的心理原型，或許不是為了讓我們成為一個「壞人」，而是提醒我們去把那個感到自卑的、被否定的自我給擁抱回來，然後學習懂得憐愛自己一路走來的辛苦。

## 面對「破壞分子」的原型陰影，可以怎麼做？

問問自己：真的想當好人嗎？真的想當個優秀傑出的人嗎？「好人」和「傑出」對你而言的定義是什麼？

這種自我期待是因為別人想要你這麼做？還是你真心想要這麼做？

如果當不成「好人」和「傑出的人」，後果會怎麼樣？

如果不當「好人」和「傑出的人」，你有沒有想過，自己到底想成為什麼樣的人？

# 思想潛在原型

為了深入「破壞分子」原型背後的個人脈絡，接下來必須談談與「破壞分子」原型緊密相關、且會影響自己內在價值觀的十二個潛在原型，也就是促成我們「思想」的原型。這些原型背後所堅持的內在信念，則是「情緒陰影」的第二種展現方式。透過這些潛在原型的探討，我們可以一起想想，自己的內在有什麼亟欲突破的限制？

這十二個潛在原型，可分成三個類別：

首先，是與「思想學習歷程」相關的原型，也就是影響我們內在價值觀的源頭：「傳道者」（面對規矩的信念）、「授業者」（面對專業能力的信念）和「解惑者」（面對挫折的信念）。

接著，是代表「表達思想的管道」的原型，也是我們認識這個世界的方式：「詩人」（善用隱喻）、「說書者」（善用言語）和「書記」（善用記錄）。

最後，是象徵「內在信念」的原型，也就是我們會去捍衛的價值觀點，同時影響著我們對他人行為處事的思考與解讀，分別是：「魔術師」（做事不用太循規蹈矩）、「提倡者」（做人要多為別人著想）、「修行者」（處事要能平心靜氣）、「幻想家」（對未來要深謀遠慮）、「工程師」（做事要按部就班）和「處女」（凡事要追求完美）。

本章最後的書寫練習，我將邀請讀者透過「一週的思考日誌」，來探索屬於自己的「思想三角形」，從中檢視自己的思維方式對自我生命的影響，以及尋找能夠在生涯路上陪伴你的思想型夥伴。

## 傳道者原型（Guide）——我應該要這麼做……

**光明面：**透過遵循某些道理來獲得別人的認同。

**陰影面：**忽略檢視自己內在遵循的道理是否符合現實邏輯。

「傳道」二字，在唐代學者韓愈〈師說〉一文中，指的是「傳授道理」的人。換句話說，就是「人生道理的指引者」，是對我們生命價值觀有影響力的人。

若用心理學的概念來解讀「傳道」二字，則會談到人格結構中「超我」的形成。在佛洛伊德的理論中，「超我」指的是我們內在道德價值觀的判斷標準，和童年經驗中的父母形象（特別是父親形象），以及內化的社會文化規範極為相關。也就是說，在生命早期為我們訂下「規矩」、教導我們「是非事理」的人物形象，通常就是我們生命中極具影響力的「傳道者」。

從心理層面來看，「傳道者」原型的形象通常有兩大影響力：其一，是讓我們想要遵循某些「道理」，來獲取認同；其二，是讓我們害怕倘若不遵守某些「道理」，就會受到貶抑或懲罰。於是，內心深處總有一個標準，讓我們不知不覺地關注別人對我們的看法。「傳道者」原型，正象徵我們內在那股需要依循某些標準和道理來過生活的傾向。

這所謂的「道理」，往往在幼年時就開始逐步形成，可能來自家庭中的父母、長輩，或是學校師長們的諄諄教誨、耳提面命。因為形成的時間早，成年後就不容易被我們所檢視，於是有些事情，我們想也不想地就去做了，卻沒想過在別人的眼裡，這不見得是「正確」或「正常」的。來看看下面兩個例子：

阿廣從來不會隨意坐上置放在路邊的板凳，好幾次陪著女友去買東西，明明手上已經拿了大包小包的物品，女友都坐在板凳上喊著腿疼了，喚他也坐下來休息，阿廣卻怎麼樣都不願意，甚至有時他會反過來跟女友說：「妳實在不該這樣隨便亂坐，很髒耶。」

我們試著去探索阿廣「不肯坐板凳」背後的「道理」是什麼？阿廣才想起，小時候他和外婆一起去逛街，因為腿痠想要在路邊板凳上稍作休息，還沒坐下就被外婆給阻止了：「不可以！這椅子很髒，路邊很多流浪漢坐過。」後來，每回逛街時，外婆都會再叮嚀一次。漸漸地，這個奇特的「道理」就開始黏在阿廣的腦袋裡。之後，就算身體再怎麼疲累，他都不會去碰外婆口中那些路邊「髒兮兮」的東西。

類似的狀況也發生在美玲身上。美玲是一個穿著非常端莊得體的人，衣櫃裡的衣服擺得整整齊齊的，外出時總要配上一雙「包鞋」。某天，朋友們約美玲到海灘去玩，集合時，大家人腳一雙「夾腳拖」，只有美玲仍然「包鞋出遊」。

「欸，妳這樣不熱嗎？」朋友問。

「你們穿拖鞋才太隨便了！」美玲說。

天氣又熱又悶，歷經幾小時的車程後，終於抵達海邊。只見穿著夾腳拖的大家忙著奔向大海時，美玲一個人穿著包鞋在海灘上徐行向前，直到快抵達岸邊時，她才拿出隨身包裡的夾腳拖，將沾滿汗水的「包鞋」給脫掉。

對美玲來說，這種拘謹的「道理」又是打哪來的？

原來美玲在小學第一次班級旅遊時，因為太興奮了，隔天直接穿著拖鞋去學校，卻看到同學們都乖乖地穿著學校發的運動鞋。這下糗大了，有些嘴壞的同學笑了她半天，她偏偏又忘了帶雙可以把腳趾頭給遮起來的「包鞋」。此時，老師也雪上加霜地補了句：「下次不可以再這樣，這樣可能會發生危險。」

美玲心情太沮喪了，沒有機會去和老師澄清「為什麼這樣會發生危險」？這個「記得穿包鞋」的「道理」就這樣映在她腦海裡，並且在她人生中展現出一種有趣的「固著」現象。

仔細想想，有些我們人生中所信奉的道理，其實並沒有那麼有道理。但為了維持記憶中隱隱約約的「傳道者」形象，我們總以為沒有守規矩是會出大問題的，也因此常常忘記要花時間重新檢視：這些「道理」背後，究竟有沒有「合理的邏輯」？

## 面對「傳道者」的原型陰影，可以怎麼做？

注意自己平時的說話中，出現「應該」和「不應該」的頻率？以及何時會出現這些「應該」和「不應該」？

同時，請留意當你說出「應該」和「不應該」之後，別人的反應？

當你發現，有很多人都對你這些「應該」和「不應該」感到不以為然時，檢視一下為何這些規則對你如此重要？

## 授業者原型（Teacher）——我哪裡還不夠好……

**光明面：**對專業知識的堅持，對自己不足之處的認識。

**陰影面：**覺得自己什麼都做不好，無法比得上別人的思維。

「授業」二字，在唐代學者韓愈〈師說〉一文中，指的是「教導專業知識」的人，也就是把「知識」傳授給我們的人，並且從古至今，我們對於有所專業、能夠為人師者，往往抱持著景仰的態度。所以「授業者」的原型形象，也代表生命中那些帶領我們打開全新的領域視野，值得我們崇拜的身影。

從心理層面來看，「授業者」的形象則反映了我們潛意識中對自己「不足之處」的認識：因為懂得還不夠多，所以需要向那些比我們厲害的人去做更深入、更進階的學習。因為潛意識裡的「授業者」原型，我們知道天外有天、人外有人，知道自己還有許多地方需要努力；我們看到成功者的故事會感動落淚、會受到激勵，都是「授業者」原型被啟動，將周圍的人事物，投影到我們「覺得自己還不夠好」的地方。

「授業者」原型象徵著一種目標，卻也可能是一種「我哪裡還不夠好」的陰影和壓力。

所以，當我們把「授業者」的形象投射到現實環境中的某些人物身上時，那些人物便承載了我們對於「美好」的想像；當我們把「別人」想像得越完美時，所對應出來的「我」的形象就變得越不完美，我們內在也就被「授業者」原型的陰影給籠罩了。於是「授業者」原型也會為我們的生命帶來一種風險，覺得自己怎麼做都比不上別人，怎麼做都不夠好。

總而言之，「授業者」原型可能阻礙我們對於真實人物的認識，而用自己幻想的形象來取代現實中的人際經驗。

怡君就是「授業者」的典型，而且「授業者」原型的陰影特別反映在她擇偶的條件上：

認識初戀男友時，怡君好崇拜男友打籃球的身影英姿煥發，每當跟他在一起，怡君就覺得自己是個運動白痴。後來，籃球社多了一位運動型的陽光美女來當社團經理，怡君每次看到男友和這位社團經理在一起打球，心情就非常低落，腦海中總會浮現一個聲音，覺得自己「不夠好，配不上男友」。果然，男友後來「如她所願」地和社團經理在一起了。

大學畢業後的第二任男友數學非常好，怡君自知這方面不如他，便將薪水都交給男友來管理。後來男友果然在幾場投資中賺了大錢，但他卻拿這些錢來辦婚禮，和一個比怡君更有理財能力的女人結婚去了。怡君自嘆「技不如人」，連傷心的話都不敢哭給男友聽。

最後，怡君終於嫁給一位「上知天文、下通地理」的學者型丈夫，丈夫聰明的程度在怡君眼裡，就像「會走路的百科全書」。但怡君並沒有因為丈夫的聰明而去做更多學習，讓自己變成另一個可以和「百科全書」對話的「大英字典」，反而是和丈夫意見不合時，怡君就會陷入一種「相信自己不如相信他」的思維，不知不覺地放棄自己原本的想法。幾年過去，怡君覺得自己真成了一個腦袋空空的無能之人了。

仔細想想，當我們覺得自己哪裡還不夠好時，不也是最能接受新知識的時刻嗎？可惜怡君沒能把這種來自「授業者」原型的信念，轉化成學習的動力，和她所崇拜的對象「共學前進」，反而被「授業者」的陰影面給帶入負面情緒中，使得「不夠好」的想法扎進她心裡，進而對周圍事物有負面的預期。當這些不好的事情不斷發生後，她幾乎就相信自己事事不如人了。

## 面對「授業者」的原型陰影，可以怎麼做？

從那些你所崇拜、仰慕的人當中，去思考：哪些專業、哪些知識是你景仰，卻又覺得自己相當不熟悉的？

你怎麼看擁有這些專業知識的人？他們獨特的地方在哪裡？

寫下自己想要學習的方向，並且為它們排出序列。

## 解惑者原型（Mentor）——我可以更有智慧……

光明面：相信自己擁有能夠走出黑暗的智慧與力量。

陰影面：覺得靠自己無法找到出路，或陷入可以帶領別人的自以為是。

「解惑」二字，在唐代學者韓愈〈師說〉一文中，指的是「解答疑難問題」的人，也就是遇到困難時協助我們走出難關的人。換句話說，「傳道者」傳遞給我們人生的「道理」，「授業者」教給我們「知識」，而「解惑者」帶給我們的就是面對人生的「智慧」了。

想想，在我們的生命中，什麼時候你會去渴求智慧？通常是你不知所措的時候，覺得自己遭逢痛苦而無法脫離的時候。所以，「解惑者」原型象徵我們思維中那股相信自己可以走出黑暗的智慧與力量。

這種在困難中尋找出路的思維，在年輕時往往是向外去求的。想像一下，那個比較幼小、或年輕的自己，人生初次遇上了困難，卻可能因為受到某些人一席話的啟發，便感覺豁然開朗，度過了那個難關。於是在生命早期，我們往往將內在「解惑者」的形象想像成「外來的」、「外加的」力量，在宗教團體中常常聽到的「加持」二字，就是這個道理。只是當年紀漸長，我們便開始學習從自己身上去找到那種能夠解惑的智慧，比方說，心理學常常提到的「覺察力」，就是一種訓練自我解惑的能力。

然而，因為「解惑者」發展的脈絡，以及我們對於這個原型的偉大想像，也導致「解惑者」會帶來一些負面影響，讓我們把解惑的能力都交託在別人手上，而總是認為自己缺乏走出難關的智慧。所以有些人會非常執迷於算命，認為人生是自己完全沒辦法控制的；這樣的人在遇到了生命低潮的時候，就更容易困在迷惘中無法自拔。

此外，倘若我們是被別人投射為「解惑者」原型形象的人，也可能落入可以為人「解惑」的權力感中自我膨脹，產生某些控制性的欲望。

「解惑者」陰影對我們的生活會造成什麼影響呢？來看看阿龍的例子。

阿龍剛進現在的公司時，覺得自己什麼都不會，剛好公司隔壁有一座香火鼎盛的寺廟，每次工作上只要遇到挫折，阿龍就會走進去點炷香，向神明祈求。可能是有拜有保庇，阿龍認識了他的主管阿標，阿標進公司多年，腦筋又非常清楚，所以只要阿龍遇到了什麼問題，被阿標一開導，阿龍就覺得自己腦袋豁然開朗。漸漸地，阿龍習慣什麼事情都要找阿標討論，然而阿標總有不在公司、或沒空和他交談的時候，這時阿龍就會覺得心神不寧，甚至有點恐慌。他會焦躁地在公司裡走來走去，覺得自己沒有智慧可以處理工作上的複雜問題。

有趣的是，當阿標一出現，阿龍就像看到智慧的光明燈，馬上覺得問題有解了。

當阿龍不再是公司的菜鳥時，他的主管阿標也已經高陞到其他分公司了。阿標要走的那天，阿龍心情異常低落，好像是同事情誼的不捨，但阿龍更擔憂自己之後在工作上遇到困難，不知道該找誰商量。阿龍很懷疑，靠他自己真的行嗎？

很快地，阿龍也成為一個小主管，開始帶公司新人。新進人員中有個叫文欽的年輕男孩，做事總是戰戰兢兢的，阿龍彷彿在他身上看到自己當年的影子，因此在公事上特別關照文欽，日前文欽犯了一個嚴重的工作瑕疵，就是靠阿龍傾全力開導才度過難關。之後，文欽就變得凡事請益阿龍，阿龍也樂得如此。只是這麼一來，阿龍不自覺地產生一種想要掌控文欽的想法，有幾次他看到其他人在指導文欽，心裡就有些不是滋味，心想：「這種事情不是應該來問我才對嗎？」

這種困擾阿龍的想法，就是他心中「解惑者」陰影的展現。

## 面對「解惑者」的原型陰影，可以怎麼做？

記錄那些你曾經遇過的挫折，回憶一下，當時的你是如何度過的？發生了什麼？你告訴了誰？他們如何回應你？他們的話中哪些令你覺得受用？你後來做了什麼？最後結果怎麼樣？

從這些度過挫折的方式中，圈出你覺得自己日後可以辦得到的部分，並且實際去練習它。

§

接下來，我們要談談「詩人」、「說書者」、「書記」的形象，這三個原型可以用來檢視自己認識世界的模樣，以及我們在思想表達上的管道和長處。

表達思想的方式，通常也意味著我們表達自我的方式。所以說，「詩人」、「說書者」、「書記」等原型，可能在很小的時候，就從我們的行為與喜好中浮現出來了。與其說是長處，不如也可以解讀成是一種內在的本能與喜好，比方說：有些人就是天生特別喜歡說故事（說書者），有些人說起話來充滿象徵隱喻的美感（詩人），還有些人特別喜歡去記錄別人所提供的知識（書記）……

理論上，我們似乎都可以對應到上述三者中的某項原型，但仍有許多人會說：「怎麼辦，好像沒有任何一項原型是我擅長的？」

我從臨床經驗中發現，會這麼說的人，或許並不是生來苦無專長，而是在成長過程中，那個用來認識世界的本能受到了周圍環境的打壓。比方說，一個擅長於表現「說書者」原型的小女孩，可能同時也很愛講話（說故事），以至於被母親嫌吵而從此不再敢勇於開口；隨著年歲慢慢增長，這個長大後的小女孩，可能就忘記自己「愛說故事」的本能，甚至有種「我不該太愛說話」的想法。此時，「說書者」原型就在她潛在的心靈裡頭，受到壓抑而不自知。

## 詩人原型（Poet）——我要看得比別人深！

**光明面：**超凡的表現、描繪與感受事物的能力。
**陰影面：**過於多情而逐漸忽略思考的邏輯。

什麼是「詩人」？廣義來說，就是那些善用充滿象徵和比喻性的句子，來表達思想的人。

「詩人」的敏銳度通常很高，可以看見那些平常受到忽略、或較為隱晦的喜悅與悲傷的情境，再用他們超凡的表現能力，描繪出這些情境裡頭的美，直指人類共通的心靈。

所以「詩人」原型的形象，代表我們潛意識裡多情善感、充滿深度覺察力的自我要求。如此飄逸的形象，會有什麼樣的陰影特質呢？

南宋文人辛棄疾有一句話說：「為賦新詞強說愁。」便指出「詩人」原型的陰影。多情如詩、想法細膩，本是一種上天賜予的天賦才華，但人生也常常「多情反被多情傷」，因為詩意般的敏感，讓我們無意識地體察到別人所不能體會的痛苦與愁滋味，不知不覺地將自己的人生想像成具有詩意美感般的悲劇，以致朝向毀滅性的結局。

古今中外，都有許多具備這種「詩人」原型特質的才華人士。日本頹廢派作家太宰治，便是多情善感的典型人物。他十六歲就展露出文學方面的高度才華，二十六歲時發表〈逆行〉，成為日本第一屆「芥川賞」的候補作品。然而，太宰治從二十一歲那年就開始嘗試自殺，他一生中自殺四次未遂，在第五次自殺時才如願。他留給後人無數的小說作品，許多直指人性最深的黑暗面；其中，以《人間失格》這部自傳式的作品裡頭，「生而為人，我很抱歉」這句話最廣為人知。

水可載舟，亦可覆舟。多情善感的才華，讓太宰治成為很多人心目中的太宰治，也因他憂鬱深鎖的眉頭，虜獲了許多寂寞少女的芳心。太宰治的自殺多是殉情，是淒美生活中超越痛苦的不得已，也彷彿是他充滿詩意的生命裡最美好的結局。

「詩人」原型從內在被啟動時，我們會變得相當敏銳，也總是期望自己要能越過表象，看見深處；但敏銳的思維中總會無意識地夾帶豐沛的情感，情感和思考糾結在一起久了，思考的邏輯也許就被情感給淡化了。所以，要克服「詩人」原型的陰影，則在於怎麼讓邏輯思維能夠重新回到思考的面向上，與充沛敏銳的情感共同運作，並且要保持內在自我提醒的空間，避免因為想太多，而讓自己鑽入無出路的牛角尖中。

## 面對「詩人」的原型陰影，可以怎麼做？

想一想，如果強迫你從兩個形容詞中，挑選一個來形容自己，你覺得自己比較偏向「想法有深度」？還是「鑽牛角尖」？

你也可以試著和你的朋友討論這個問題。

如果你發現自己有「鑽牛角尖」的傾向，請接著問自己：你如何在這種深度思考下，為自己設一個停損點，適時地回到現實環境中透透氣呢？

## 說書者原型（Storyteller）——我只相信我所相信的，不管那是不是真的！

**光明面：**善於運用故事元素，想像力豐富。

**陰影面：**加油添醋，在故事的真實與虛構間感到迷失。

「說書者」原型象徵著以言語來表現生命體驗的喜好，擅長於將各種元素虛構在一個故事結構裡交替運用，想像力非常豐富。

動人的故事往往具有牽引人心的功能，善於說故事的人也常常能帶動和激勵群眾；然而，「說書者」的陰影也正來自這種鼓動人心的力量。倘若在杜撰故事時加入重傷他人的謠言，不只為他人帶來殺傷力，也讓群眾迷失在現實與虛構之間。換句話說，「說書者」的力量可以激勵人心，也能蠱惑人心。當我們被「說書者」的陰影面所籠罩，加油添醋、說長道短的特質也就一併浮現，甚至，蠱惑人心久了，連自己都忘了現實世界在哪裡，使得內在有種莫名的、無法踏實生活的空虛感。

在思想上，「說書者」的原型陰影會形成一種「假可亂真」的信念，讓人寧可相信自己所編造出來的故事，來增添自己生命的色彩，卻無法回到現實層面，和真實共同存活。所以當我們落入「說書者」原型的陰影面時，也常常變得選擇性地去接收周圍的訊息，只去聽自己想要相信的東西。

要理解「說書者」陰影的力量有多大，只要去看看那些詐騙案新聞就行了。

二〇一一年，臺灣有一位高學歷、工作能力也不錯的女士受到網路詐騙，對方匡稱自己是美國的高級政府官員，曾經打擊國際恐怖分子，在網路上和這位女士談了好幾個月的戀愛，還論及婚嫁。當然，這場虛構的戀情，在該名女士拿著高額旅行支票向銀行兌現時爆發，女士仍堅信這是一場「真愛」而不是「美麗的謊言」。

同樣的事情每隔一陣子就又會在社會上出現，二〇一七年的臺灣，就有上百位熟女同時遭到國際詐騙集團騙情詐財的事件，詐騙集團的謊言內容，令非當事人的旁觀者都直呼誇張。然而，或許一陣子後，仍會有許許多多的人再次陷入這些美麗的虛構情節中。

為什麼會如此呢？

為什麼有時我們會「明知不可為而為之」，明明知道是虛構的，卻寧可相信虛構、否認現實呢？

其實，當陷入這種狀況時，只要啟動你的覺察力，回頭一看，就會發現自己對於生活的感覺是有壓力的、是辛苦的，因為現實生活實在太不完美了，我們就寧願活在故事裡，活在自己的幻想裡。

那麼，有什麼方法可以走出「說書者」的原型陰影嗎？

按照心理學的觀點，便是要有「現實檢核」的勇氣。在自己所相信的故事之外，也去問問別人的故事版本，或許最後會發現，故事也可能有不同於我們所想像的結局。

## 面對「說書者」的原型陰影，可以怎麼做？

想一想，當你每次口沫橫飛地表達自己的想法後，感覺是快樂？還是疲累？原因是什麼？

你喜歡自己的表達方式嗎？你有沒有刻意要搞笑，或是特意引發別人感動的毛病？

你覺得自己的表達大多發自真心嗎？

## 書記原型（Scribe）——我不想錯過那些我不能錯過的！

**光明面：**善於對知識組織記錄，保存真實。
**陰影面：**陷入知識焦慮，透過不正當管道來取得知識，對他人造成傷害。

講到「書記」，你可能會想到法官開庭時，坐在一旁，埋首記錄下每一句答辯的那位書記官。確實，這種擅長記錄重點，從別人描述中擷取摘要的形象，便是習慣將知識保存下來的「書記」原型。

不同於「詩人」的敏感浪漫、「說書者」的鼓動人心，「書記」展現的便是對於知識的信念與堅持。從心理層面來說，「書記」原型象徵著我們對事物的渴求，以及不想錯過任何新資訊的想法。在日常生活中看到那些聽演講時都很認真抄筆記的人，也不外乎是「書記」原型的展現。

此外，在臺灣知名的紀錄片導演齊柏林身上，也可以看到「書記」原型的光明面，就是那種保存真實記錄的渴望。過去，齊柏林曾是拍攝房地產廣告的導演，但後來他說：「不得不美化的照片拍多了，反而會有股想要拍出真實的衝動。」觀賞齊導的作品時，你幾乎不會感覺到裡頭有什麼過度的美化與修飾。

然而，當「書記」原型龐大地佔據我們內在時，也可能浮現一種知識上的焦慮，使我們採取極端的做法，透過掠奪、剽竊或其他不正當的手段來取得資訊，甚至濫用自己取得的知識，來對他人造成某些傷害。有些人不相信自己可以創造，只有能力模仿，也因此各種創作產業都時有耳聞「抄襲」的爭議。

我們來看看俊佑心裡藏著的祕密。

青春期時，俊佑就對文學相當著迷，無數次幻想著自己未來能成為一名作家。無奈現實中，他屢屢投稿、屢屢退敗，好像茫茫人海中找不到懂得賞識他的伯樂，不論是記敘文、抒情文還是論說文，受到青睞的作品中永遠沒有俊佑的份，他只能仰望那些信手拈來就能得到雜誌刊登的同學，心裡非常羨慕。

偶然間，俊佑在爸爸書櫃裡翻閱到一堆老舊雜誌。打開內容，居然是數十年前、爸爸還在念中學時期的校刊，裡頭幾篇書寫十分流暢的短文和新詩，俊佑越讀越喜歡，不知不覺地就朗朗上口，開始把整篇文章的內容都背了起來（「書記」原型被啟動）。不久後，俊佑獲得一項新的徵稿訊息，突然間他閃過一個念頭：「何不利用那些已經保存在我腦海裡的知識呢？」

憑著記憶，俊佑在徵稿的文章中，寫下那些從老舊刊物裡讀來的、已經背誦熟稔的字句。沒想到，這次投稿竟被主辦單位給採用了。

俊佑突然發現原來這個方法如此好用，雖然心裡有些掙扎，但他卻告訴自己：「除此之外，我還有什麼辦法呢？而且我不是『抄』，只是記下來而已，沒有完全一樣。」於是他再度拿起爸爸的舊刊物來閱讀與背誦，並且用類似的方法再投稿了幾次。逐漸地，俊佑作品受到採用的次數越來越多，而他也開始學會將背來的句子中加入更多自己的想法，最後，他終於不再需要仰賴從爸爸校刊裡「記下來」的知識。

只是，直到俊佑出書、真的可以稱得上一位作家後，他始終在煎熬中擺盪，不知道該相信成功是靠自己的本事，還是因為自己的作品裡頭引用了別人的智慧？俊佑現在已經是一個知識的傳播者了，但他不確定，自己到底算不算是個冒牌貨？他仍然停留在「書記」原型的陰影面，相信自己只能記錄、無法開創。即便他現在看似成功，卻無法真正感到快樂。

我想，這個陰影得要等到俊佑願意重新肯定自己產出知識的價值時，才能重返光明。

### 面對「書記」的原型陰影，可以怎麼做？

回憶那些你曾經「錯過」的人事物，記錄下那些錯過，爾後讓你覺得可惜的地方有什麼？

回想你現在的生活中，有沒有什麼令你很擔憂會「錯過」的人事物？想一想：如果你真的失去了這些，對你的生活真會有什麼實際的影響？

如果你的生活中有許多擔憂會錯過的事，請為它們排上序列，再逐一去完成它。

§

人生在世，我們總是或多或少地執著於某些信念，甚或堅持於某些不可動搖的價值觀；於是，信念和價值觀形成了我們的態度，也影響了我們經營和理解世界的思維。「魔術師」、「提倡者」、「修行者」、「幻想家」、「工程師」、「處女」等原型，便是我們內在信念的實質展現。

## 魔術師原型（Magician）——我不用按照常理，也能辦得到！

**光明面：**以力求變化與超越傳統的思維，去尊重還未理解的非理性。
**陰影面：**失去自信做為心理上的支撐時，陷入一種脫序或自我懷疑。

「魔術師」原型，象徵我們總是力求超越傳統、打破沉悶，在一些原本可預期的事情上求取變化的信念。由於魔術的呈現是不可思議的，是觀看的人所不能理解的，因此「魔術師」原型也代表我們對於自己所不能理解事物的非理性的尊重。

榮格曾說，這個世界常常忽略無法理解、缺乏理性的事物，但對於想要打開自己內在渾沌的人而言，卻需要透過這些「非理性」來與自己的內在溝通。所以，人對自己無法理解的事物應該抱持著一種尊重，等待那些無法理解的事物與理性同步後，我們就能夠嘗試去思考它。

在心理層面上，「魔術師」象徵我們內在那份「天馬行空」的膽識，以及「腦筋轉得很快」的自信。這種思維方式常常為別人帶來驚奇，彷彿總是把一些不可能幻化為可能，並逐漸形成一種價值觀：「這世界的可能性是無所不在的，人不一定要循規蹈矩，也可能獲得成功。」

然而，當我們的能力或成果跟不上自己在信念上的堅持，也可能落入「唬弄別人」或是「被人唬弄」的擔憂中，感受到混亂和被誤導，使得那些「天馬行空」的想法，沒有機會因具體執行而變成現實。所以說，「魔術師」原型的陰影，便是對自我能力的不夠相信，以致不自覺地懷疑心裡天馬行空的想法，或是無法駕馭這些想法而導致生活脫序，卻又害怕自己在別人眼裡是個膚淺的人。

來看看下面的例子。

從小，純安腦袋裡就充滿古靈精怪的鬼點子。比方說，他把媽媽高跟鞋的鞋後跟給拆了，變成一只漂浮在水上的帆船；他把爸爸的領帶往頭上一繞，將自己變成了一名阿拉伯人……，他的所作所為看在父母眼裡，簡直是又好氣、又好笑，真不知道該拿他怎麼辦才好？純安告訴爸媽，他將來要成為一個發明家。

只是，等到純安開始上學後，老師們卻很難肯定他那些出人意表的想法，於是純安常常被師長們質問：「你這麼調皮搗蛋，以後怎麼能成大器呢？」

「老師，我以後會成為發明家的！」純安說。

「認真念書的人可能可以成為發明家，你一直這樣調皮搗蛋是沒辦法的。」老師回答，並叫純安要去學學坐在隔壁的小明，或是成績很好的小花。純安卻覺得小明和小花那麼認真念書看起來很蠢，他寧願繼續思考自己的發明夢想。

可能是被老師唸久了，原本對純安的天馬行空總是一笑置之的父母親，也跟著數落他：

「你功課怎麼這麼差呢？」「不要再玩那些小把戲了，趕快去念書！」「你多放點心思在課業上好不好，不要成天想當什麼發明家！」

父母講著講著，純安開始覺得，自己好像沒有原本想像的那麼厲害，甚至可能真像別人說的那麼差……。他心理上變得有些退縮，但為了不想表現出一副受到打擊的模樣，他還是挺著身子、嘻皮笑臉地對別人開玩笑，繼續耍小把戲。結果他變得越來越不喜歡念書，成績表現也真的越來越差了。

越不念書，成績越差，父母、師長們的數落就越多，純安的自信心也就越低落；詭異的是，純安的自信心越低落，他的書就念得更少，小把戲則耍得更多，當然也就被師長們數落得更厲害……。於是純安逐漸放棄了讓自己腦袋扎實變聰明的學習路線，而往小聰明的捷徑走去。他變成只會想像而不去執行，還看不起認真念書的好學生，覺得循規蹈矩是一件很蠢的事。

我曾經聽一位當過魔術師的朋友說，大家在看魔術表演時，常常覺得很不可思議，原本很複雜的事情，魔術師彷彿真有特異功能一樣，一下就辦到了；但大家都不知道，在每一種魔術手法背後，魔術師其實也歷經過別人難以想像的艱困練習。就像榮格所說的，「魔法」的存在是為了用無法理解的方式，來將我們不能理解的事物變成可以理解的。

或許，純安的問題就在這裡，他太過期待自己是個有特異功能的人，不用任何努力就可以回收成效，這種想法久了，就會不自覺地害怕「認真努力」會讓自己變得不夠特別。這種想法也會阻礙我們發現：即便是「魔術師」，也要經過認真付出（讓不可理解變成可以理解），才有機會成為一個「魔術大師」。

我們為自己付出的方式有很多種，有大家都熟悉的認真努力，也有屬於我們自己獨特的（魔法般的）管道。

## 面對「魔術師」的原型陰影，可以怎麼做？

檢視一下，你為了自己所期望的未來付出了什麼？你如何看待那些百分百努力付出的人？

你心裡是否曾經閃過一絲想法：「如果我比現在付出更多，卻仍然無法獲得自己想要的，該怎麼辦？」這種想法如何影響你的生活？

## 提倡者原型（Advocate）——我們要多為他人著想！

**光明面：**能將生命奉獻在對公眾有利益之處。

**陰影面：**對於自私自利的想法感到排斥，甚至不敢接受一丁點「利己」的欲望。

「提倡者」原型，代表一種「利他主義」的信念，熱心於改革社會的不公義，對於將自己的生命奉獻在為他人爭取權益上相當執著。也可以說，「提倡者」思想的背後，是有相當的同情心與憐憫心在做支撐的，「提倡者」原型會促發我們義無反顧地投入自己覺得有意義的公眾事物之上。

一般來說，「提倡者」往往活躍於團體當中，為團體利益而生，使得他們的信念及使命感顯得相當偉大。然而，一旦「提倡者」原型展現出他的陰影，也可能會被一些負面動機所挾持，將個人好處擺放在團體利益之前，以公益來掩蓋自我的私欲。或者，以自己盲目的信念來評判事物的是非價值，而失去客觀合理的判斷。

因此，「提倡者」原型的光明與陰影，就像馬丁·路德（Martin Luther）曾經說過的那段話：「每個人都需要做出選擇，是走在富有創造力的利他主義的光明中？抑或具有破壞力的自私自利的黑暗中？」

「the Cancer Fund of America」是一間位於美國的慈善機構，負責人及其家族還設有另外三間相關的慈善機構。然而，這幾間慈善機構曾經受到指控：在二〇〇八至二〇一二年間，合計募款來的二億美元中，只有不到百分之三的使用符合原本的勸募目的，其餘款項大多用來支付公司與個人款項，其中，個人支出還包括內衣費、旅遊費。

諸如此類的公益團體爭議案件，在各國都屢見不鮮。有人藉此開玩笑說：你可以躲得了電話詐騙，卻可能逃不了公益詐騙的懷抱。

為何以公益為名的詐騙顯得更加容易呢？這便與我們內在的「提倡者」原型相關。因為「提倡者」原型內涵中的「利他傾向」，使我們容易陷入愛與同情的思維，認為親近社會公益、「為他人著想」才是正確的為人處事之道，如果自己做不到這點，就像做了什麼不對的事情。

所以在「提倡者」的原型思維中，我們可能會無意識地否定所有「利己」的思維，誤以為「為自己著想」的想法就等同於「不顧他人死活」的「自私」。在這種情況下，我們反而會因為過度忽略自己的需求而落入「提倡者」的陰影面，變得不敢去面對內心最真實的想法和欲望。此時，「提倡者」原型的信念便形同一種期待獲得社會認同的偽裝而已，原本出於良善的信念，卻令我們感受不到由衷的快樂。

所以說，愛與同理的思維，往往得建立在「不會過分委屈自己」的前提之上。倘若因為深陷「提倡者」思維而讓自己太委屈時，心靈深處反撲的力量，可能反過頭來讓我們產生想要在公益中圖利自己的欲望。

## 面對「提倡者」的原型陰影，可以怎麼做？

檢視一下，在日常生活瑣事中，你大多將心力放在為別人付出上？還是放在為自己付出上？如果可以用百分比來劃分的話，你為自己付出心力的比例會是多少？為別人付出的比例又是多少？

請把這個比例畫出來，你覺得現在這種狀態，是讓你感到舒服的嗎？

## 修行者原型（Cultivator）——我要平心靜氣！

**光明面：**追求深度心靈層次的堅定力量。

**陰影面：**過分要求自律嚴謹，忽略自己的需要，落入自我虐待。

「修行者」原型，代表一種想要追求平心靜氣的思維，期望自己能重視心靈層面甚於物質世界，有淡泊欲望的自我理想，和渴望更高層次智慧的強大動力。相信這世界總有一些方法，能將自我推向一個更高、更遠、更清淨的境界。

「修行者」原型的陰影面，則是對於「心如止水」的過度執著，認為要收起內心所有的欲望，才能獲得人生最後的超凡與解脫。所以，「修行者」的原型陰影會讓人掉入苦修苦練的迷思，甚或身體上的自我虐待，相信肉體的磨難可以激發出心靈的龐大力量。

幾年前，臺灣有一位自稱能夠排解人們身心靈負面能量的大師，在其所開設的課程中，導致一名女性學員嘔吐數小時後身亡。據新聞報導，這位大師的課程內容包含跳神舞、捆綁後搔癢而不准笑，以及餵藥等等。大師宣稱，餵藥後所產生的嘔吐反應，即是身體在排解負面能量的徵狀，該名女性學員之所以最後會死亡，則是因為「她的靈不想回來（人間）」。

關於這種靈修致死的案件，發生已經不是一天兩天了。很多人覺得不可思議，怎麼會有人相信這種「扯爆了」的說法？談到這裡，或許就得來認識一下我們內心深處的「修行者」原型，理解那股想要「心如止水、平靜無波」的渴望。

一般來說，人生總是充滿高低起伏，有歡樂的時刻，也必然會遭逢痛苦。在情感擺盪之間，我們總會感覺到那種心靈遭受強烈擠壓般的痛苦；經歷起起落落後，我們開始渴望能回歸生命平淡，以及不隨意受到大喜大悲給牽動的生活。

這種「靜止」的心靈狀態對我們來說，當然是相當不容易達成的境界。我們常常覺得無法控制自己的心，也阻止不了它過度跳動；因為心靈是埋在用肉眼無法觀察到的內在深處，很多時候我們似乎只能轉向肉體上的操控，來驅使自己朝向平靜，排除那些心理層面的侵擾。

尤其當遇上令人感到痛苦的事件時，朝向「靜止」的想法就越強，我們便越傾向去尋找那些可能讓心靈激動停止下來的方法。此時，我們嚮往平靜的欲望並非由內而生，而只是為了要逃避周遭人事物所帶來的痛苦和壓力。所以「修行者」原型的思維，便容易被痛苦的情感所蒙蔽，使我們選擇某些非理性的、自我折磨的舉動。這絕不是一個健康的「修行者」的展現，反而是一種逃避現實的思維。

所以說，「平心靜氣」是不勉強的，是當我們想透一件事情時就會自然放下它。有時我們需要多給自己一點時間，去達到這種心靈上的成熟。

## 面對「修行者」的原型陰影，可以怎麼做？

回想一下，上次面臨痛苦時，你做了什麼？

睡覺？聽音樂？瘋狂運動？搥牆壁？……

檢視一下這些做法有無自我虐待的傾向？並且圈選出其中對你真正有用的做法。

如果你的清單中都沒有有效的做法，請提前翻閱到本書的〈尾聲〉篇。

## 幻想家原型（Visionary）——我要深謀遠慮！

光明面：放眼未來且具有遠見，可被人信任和依賴。

陰影面：因為外界質疑而放棄自己在思想上的堅持。

「幻想家」指的是那些在思考上相當有遠見的人，能夠以一般人無法看見的高度去建構對未來的想像，甚至「從無到有」地提出卓越之見，對於造福人群有所憧憬。「幻想家」的知見之所以卓越，是因為這些意見不只令人耳目一新，還能經得起時間的考驗，對周遭帶來正面的影響。因此「幻想家」是一種讓我們可以堅持目標的思想原型。

然而，「幻想家」原型也有他的陰影面。在朝向未來發展的過程中，也可能因為害怕自己的想法不被他人所接受，而扭轉自己真正的想法，使它更容易受到外界的接納，以至於失去了思想上的自主權，彷彿迫於外在壓力而販賣自己的思想。所以說，無法通過時間考驗、堅持自己想法直到實現的狀況，就是「幻想家」的陰影面。

關於「幻想家」原型特質的展現，可以來看看活躍於十九世紀的英國數學家圖靈（Alan Mathison Turing）的故事。

圖靈被許多人譽為計算機科學之父，二次世界大戰時，他投入破解德國軍隊軍事機密的密碼破譯小組，但因為性格孤僻，與人團隊合作困難，被同事們紛紛投訴，使他的研究計畫差點被迫停止。然而，圖靈對自己能夠完成科學研究的信念還是相當執著，最終，他發明了現今稱為「圖靈機」的機器，並證明「圖靈機」有能力解決各種複雜的數學問題。後代的科學家推估，圖靈的科學研究使二次世界大戰至少提前兩年結束，而「圖靈機」也成為現代電腦的雛形。

圖靈在信念上的堅持，顯然呈現出「幻想家」的光明面，而「幻想家」原型的陰影，就是會不斷遭受到周圍環境（甚或自我）的質疑與挑戰，相信圖靈也必然經歷過這些。二次世界大戰後，圖靈因同性戀傾向遭受迫害，為了能繼續從事科學研究，他在「坐牢」和「化學去勢」之間選擇了後者，並在女性賀爾蒙注射的副作用中受到身心上的折磨，最後食用浸泡過氰化物的溶液而死。

二〇〇九年開始，英國有數萬人連署向首相請願，對當年因同性戀傾向遭受迫害的圖靈道歉，並要求政府追授圖靈死後赦免狀——這項訴願終於在二〇一三年英國女王伊莉莎白二世執政時成真。二〇一七年一月，所謂的「艾倫．圖靈」法案生效，約有四萬九千名和圖靈有相似遭遇的同性戀者受到赦免。

為何艾倫．圖靈的故事能引發這麼大的社會力量呢？或許就在於他對所相信事物的那份堅持，不因外界壓力而扭曲或放棄自己對未來願景的努力，啟動了許多人心靈深處的「幻想家」原型，最後凝聚成一股強大的社會力量，讓大家齊心合力，完成了某些圖靈在世時辦不到的願景。就像改編自圖靈生平的電影《模仿遊戲》（*The Imitation Game*）中所說的那句話：「有時候，被世人遺棄的人，才能成就讓人想像不到的大事。」

這種「被世人遺棄」的感覺，有時在「幻想家」原型的世界裡，是必然要承受的。

## 面對「幻想家」的原型陰影，可以怎麼做？

檢視一下，當你對未來懷抱夢想時，你是否能從這個夢想找到意義感？如果是的話，你能否事先預備，當有一天受到別人質疑時，可以去哪裡找到能夠支持你、與你討論的夥伴？

## 工程師原型（Engineer）——我不能太感情用事！

光明面：有條有理、按部就班的邏輯思維，不情緒化。
陰影面：過於排斥情感，陷入機械化思維。

「工程師」原型的形象，象徵務實且有條理的思維，能夠為所面臨的難題規劃出具體可行的方案，並想辦法按部就班地完成它；由於講求執行力，因此會盡可能排除情緒化的影響，力求中立客觀。然而，也可能因為習慣性地忽略情感，而落入機械化的思維中，變成工於心計的模樣。

「工程師」原型的陰影面，則是排斥他人情感需求的冷酷形象，仰賴指令和操作，步驟與效率，重視績效甚於團體中的向心力，使得夥伴間的工作情感逐漸淡薄。我們一起來看看建彰和他同事之間所發生的事。

建彰是公司的高階主管，大家都說他做事又快又殺、很有效率，但是他手下的員工卻相當畏懼他，只要想到要和建彰開會，就紛紛緊張得頭皮發麻。

若問起大家害怕建彰的原因，他們會這麼回答：

員工A：「上次我去和老闆（建彰）報告，才說三句話，老闆就叫我不要扯太遠，趕快『講重點』。」

老闆要求員工講重點，不對嗎？

員工A：「我覺得我已經很講重點了。為了要跟他報告，我在家裡練習了幾天，保證每一句都是重點，我覺得老闆才是用自己的主觀來判斷別人沒有在『講重點』。」

員工B：「上次我和老闆開會，討論一件相當重要的規劃案，但是合作廠商先前有某些不良記錄，我有義務要報告給老闆知道。可是我才講關於廠商的事情沒多久，老闆就問我：『所以你現在是情緒化，還是在就事論事？』聽到這話，我也完全失去跟他繼續談下去的興致了。」

當老闆的，不能提醒員工在工作上不要情緒化嗎？

員工B：「事實上，我覺得廠商並沒有什麼讓我需要情緒化的地方，反倒是老闆自己才對我有許多偏見，他實在把我搞得很緊張。」

員工C：「上次我向老闆說明一項專案的進度，我都還沒講完，老闆就給了我很多『指教』。是的，每次跟他說話，都讓我覺得自己是個笨蛋。」

嗯……可能不見得你是笨蛋，而是他真的很聰明？

員工C：「我知道老闆是真的很厲害，但他聰明沒關係，也不一定要把大家都搞成像笨蛋吧？」

既然大家口徑如此一致，我們只好來勸勸建彰了：可不可以和員工講話溫柔一點？多點鼓勵、少點批評，耐心再多一點？

建彰：「我沒有要批評他們，也沒有想要鼓勵他們，我只是就事論事，只要他們照進度規劃把事情做好就好了，這不就是我們領人家薪水該盡的本分嗎？」

話是沒錯啦，但是，你「就事論事」難道就不是一種主觀？

建彰：「嗯……反正情緒化絕對沒什麼好處，相信我。雖然你們覺得我很冷酷，但我絕對避免了很多麻煩產生。」

建彰說得好像也沒錯，但從他的描述中，可以發現他的內在有一個假設，就是已經早一步否定了「情感」的價值，所以當他感覺到同事採用一種情感性的方式和他溝通，他就會無意識地做出排拒這些情感的舉動。

因為建彰是高階主管，同事們不得不忍受他這種否定（情感）式的對待，但如果建彰是面對比他位階更高的主管時，可能不舒服的情緒就輪到自己頭上來了，甚或在他的親密關係中，也可能會產生一些衝突。

所以我們得問問建彰，這種「否定情感價值」的（主觀）信念，是從哪裡來的呢？

原來，建彰「就事論事」的想法是有歷史背景的：很久以前，建彰的爸爸曾和公司的女性下屬產生曖昧，原本工作上呼風喚雨的地位，因緋聞而一落千丈，爸爸憂鬱地提早退休在家。建彰的星座是浪漫多情的雙魚，所以退休後賦閒在家的爸爸特別喜歡叮嚀他：「你要記得，以後不要跟人家講什麼感情，工作就工作，多用大腦、多點理性，不然等下惹出什麼麻煩，你就吃不完兜著走。」

聽進去了沒有？

當然聽進去了。無奈，建彰不是只有將這份信念用在工作上而已，他也用在了談戀愛上。所以和建彰交往過的女性，都說他很難親近，和他相處真的很緊張……

確實，「就事論事」的信念並沒有什麼不好，然而，建彰可以思考的是：我的「就事論事」，或許不一定要建立在否定別人的「感情用事」上。

「思考」和「情感」，不一定是完全互斥的東西。

## 面對「工程師」的原型陰影，可以怎麼做？

檢視自己看事情的立場是真的「就事論事」？還是「排拒情感」？

想像一下，如果你遇到一個和自己「就事論事」程度有過之而無不及的人，你會怎麼看待他？

## 處女原型（Virgin）——我要保持完美！

光明面：力求完美，努力克服各種外在變數。

陰影面：恐懼與他人親密合一，擔心他人的放縱會汙染自己的純真。

「處女」原型是一種崇尚「純潔無瑕」思維的象徵，對於周圍人事物有高度的期待與要求，並且相當自律嚴謹。換句話說，「處女」原型的思維狀態，會讓人不知不覺地產生「力求完美」的企圖，甚至不容許期待之外的變數發生；當周遭事物違背了「純潔無瑕」的期待，就會陷入負面的情緒狀態中。

在心理上，「處女」原型的思維可能使人因過度嚴謹而難以自在、快樂地工作與生活。因為對「純潔」、「天真」的執著，便容易拿起放大鏡來檢視身邊所發生的一切，無法忍受他人以一種放縱、享樂的態度過活，並對此感到憤憤不平。

往「處女」原型的內心深處走去，會發現其中潛藏著一種恐懼感，害怕與自己、與他人過度親近，擔憂在親密關係的合一感中，會失去內在世界的邏輯與控制。

某次，我帶領工作坊時，團體中有位夥伴和我分享她的自我覺察。她說，她感覺到自己的思維受到「處女」原型的掌控，因此做事總是非常要求完美，甚至對別人無法同樣嚴謹地要求自己感到相當生氣。

她問我：「我們對於自己內在原型的認識，僅僅是覺察以後接受它，這樣就夠了嗎？」

我告訴這位夥伴，其實，要接受自己身上所展現出來的原型，並沒有想像中那麼容易；因為當我們發現自己身上的某些特質時，很容易被這些陰影面所擾，只希望把原型的陰影特質從心底、從生活中給驅趕出去。

就像這位夥伴所經驗到的，她以為自己已經充分接納內在對於完美的要求，然而，當她為別人的懶散（不完美）而感到渾身不舒服時，並不是真的因為別人做了什麼觸犯到她（別人的不完美和她一點關係都沒有），而是她心中「處女」原型的陰影正在運作。換句話說，或許看到別人的懶散時，這位夥伴不自覺地擔憂自己有一天也會變成那副德性，所以心裡才會感覺到如此不舒服。並不是這個人的存在令她不舒服，而是「處女」原型的陰影面正在影響她。

這個邏輯可以廣泛推演到生活的許多片段中——那些沒來由地令我們感到討厭無比的人，或許他們根本沒做什麼冒犯到我們的事，而是他們的存在，扯動出我們內在原型的陰影面了。

所以說，「處女」原型的存在，最能挑動我們對別人的難以忍受，但那往往是因為，我們在那些討人厭的人身上，看到了某部分的自己。我們害怕那個人一靠近我，我就會和他同流合汙了。

一個完全接納自己的人，往往是不會對別人感到討厭的。

## 面對「處女」的原型陰影，可以怎麼做？

請寫下十項，你覺得「完美」可能為你帶來的好處？

請寫下十項，你覺得「不完美」會為你帶來的壞處？

請回頭看看剛才寫過的東西，問問自己：看完這些回答後，感覺是什麼？

再來，請你寫下生活中三個讓你覺得「完美」的人，他們和你有什麼不一樣的地方？

最後問問自己：一個完美的我是什麼樣子？會過著什麼樣的生活？以及，那是不是我想要的生活？

學會接受自己的無能，就會受益良多，讓我們欣賞起所有最微不足道的事物。……我們內在的英雄感是被所謂好的思緒所統治的，認為這樣或那樣的表現是不可或缺，這樣或那樣的目標必須被成就，這樣或那樣的快樂應該被無情地鎮壓。結果我們犯下對抗無能的罪。但無能就是一種存在，沒人應該否認、苛責它，甚至吼叫地壓制它。

**榮格・《紅書》**

# 自我覺察活動・書寫練習

理解與「思想」相關的情緒原型後，你可以透過下列的練習，整理自己內在信念的由來，並且決定要如何結交志同道合的朋友。

**活動：為自己做選擇的「思想三角形」**

首先，請花一個禮拜的時間，觀察並紀錄下（時常）浮現在你心裡的想法，仔細地檢視自己身上的價值觀。

接著，你可以利用下頁的「思想原型檢核表」。在第一類別的原型中，請回想那些影響你甚深的價值觀的來源；在第二類別的原型中，請檢視你過去是否曾對該原型的傾向感到興趣；在第三類別的原型中，請挑選符合自己信念的原型出來做檢視即可。記得將「信念由來」和「對現今生活的影響」寫下來。

## 思想原型檢核表

| 類別 | 原型 | 信念由來 | 對現今生活的影響 |
|---|---|---|---|
| 1 | 傳道者 | 父親說：女孩子要遵守三從四德 | 不敢追求太高的成就 |
| | 授業者 | | |
| | 解惑者 | | |
| 2 | 詩人 | 小學時，我是個非常喜愛浪漫的人，寫情書卻被同學發現嘲笑 | 多情是一件丟臉的事，要想辦法壓抑自己這一面 |
| | 說書者 | | |
| | 書記 | | |
| 3 | 魔術師 | 我爸是一個很聰明的人，在他面前太認真總讓我覺得自己很蠢 | 做事太跳 tone，其實只是希望當個「看起來」聰明的人，但心裡很不踏實 |
| | 提倡者 | | |
| | 修行者 | | |
| | 幻想家 | | |
| | 工程師 | | |
| | 處女 | | |

完成檢核表後，請將你從中整理出來的信念上的特質，記錄在如左頁的三角形中。請在三角形的三個邊角，分別寫上：你表達思想的長處（角1，從第二類別中挑選）；從第三類別中挑選出與你相像的思想原型（角2）；再從第三類別中，挑選出你覺得適合與你結交朋友的思想原型（角3）。完成後，

將你的信念用一句話來形容，填寫在三角形的中間。

最後，請問問自己：現實生活中你所結交的朋友，你在他們身上看到什麼樣的思想原型特質？你們在信念上契合嗎？你是否真正結交了適合自己的朋友？當然，也請你完成後記錄下你的感想與發現。

示意圖：

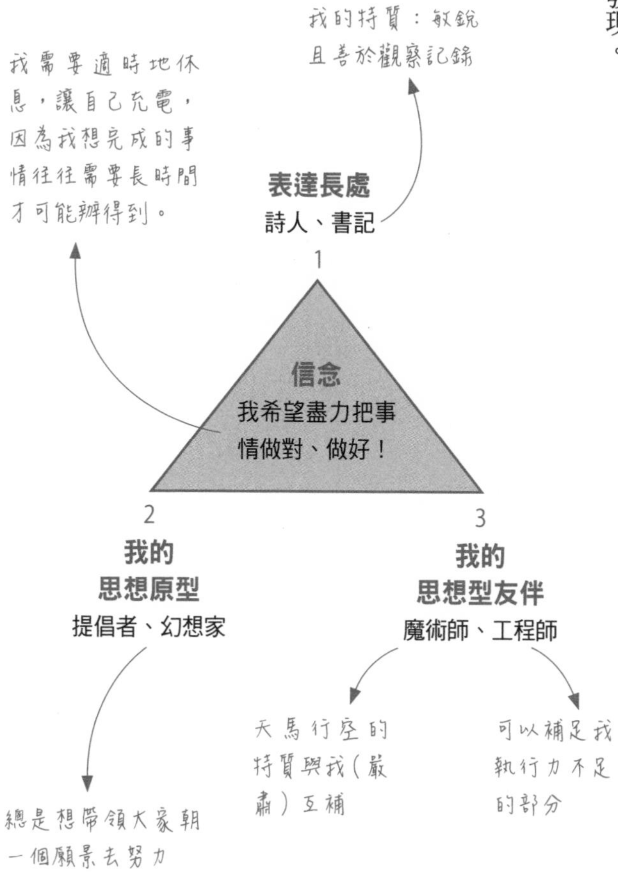
我的特質：敏銳且善於觀察記錄
我需要適時地休息，讓自己充電，因為我想完成的事情往往需要長時間才可能辦得到。
表達長處
詩人、書記
1
信念
我希望盡力把事情做對、做好！
2
我的
思想原型
提倡者、幻想家
3
我的
思想型友伴
魔術師、工程師
天馬行空的特質與我（嚴肅）互補
可以補足我執行力不足的部分
總是想帶領大家朝一個願景去努力

第 4 章

# 那些無法控制的慣性行為，和內在小孩相連

## ——實踐與「行動」力的原型

# 行動共通原型

## 內在小孩

每個人心底都住著一個「小孩」，來自我們童年時期求生存的姿態。

對於成年人而言，「小孩」原型的存在雖然為我們的成年生活貢獻了某些趣味，平衡了成人生活中過於嚴肅的責任感，但也可能因為「小孩」原型中包含著某些過去未被滿足的欲望，以及直到成年都還沒能跨越的情結，而使我們無法控制地做出與自己想法截然不同的行為。

「小孩」原型可說是我們內心深處最脆弱的那個角落，讓我們不知不覺地對承擔責任有所掙扎，對邁向成熟獨立感到害怕。

整體來說，小孩原型又分成五個面向：

### 創傷小孩原型（Child-Wounded）——童年時期的「創傷記憶」

**光明面：**寬恕與同理他人。

**陰影面：**自憐自怨和以牙還牙。

在諮商工作中，「創傷小孩」原型是我們最常處理的狀況，也就是每個人無意識中所保留下來的，孩童時期曾經被忽視、虐待或其他種種與受苦相關的記憶。當「創傷小孩」成為主導我們性格的原型人物時，常常會令人因此陷入某些「退化」的狀況，以及在理智上無法克制自己的行為。

就讀大學四年級的家佳就是這樣的例子：她有焦慮型的購物癖，常常無法克制自己刷卡購物的衝動，因而積累下許多無力償還的卡債。

經過談話後，我們發現家佳與她交往半年的男友近來出現嚴重的爭吵，兩個人時而感情甜蜜、時而因為一點小事就爭論得不可開交。每當兩人爭吵時，家佳總會死拉著男友要把話說清楚，但男友偏偏傾向離開事發現場；等到一番轟天大吵後，男友會想盡辦法奪門而出，留下家佳一個人面對空間裡的寂靜。家佳心裡焦慮難耐，無法遏止地放聲哭喊，卻怎麼都盼不回她期待的男友的安慰。某天，在家佳和男友爭鬧而感到無助時，她手機正好收到一封購物網的訊息，上網瀏覽購物網適時填補了她情緒上的空缺，陪伴她等待男友回巢的時刻。

家佳的男友告訴我，他實在是怕了這樣歇斯底里的她了。男友憶起兩人剛交往時，家佳為人處事的聰明圓融令他相當欣賞，沒想到交往才幾個月，他就發現她如此情緒化的另一面。

我告訴家佳的男友，當一個人的行為無法符合現實的邏輯時，必然有些意識背後的無意識情結出來擾亂作祟。美國心理學家夏夫（David Scharff）把這種時刻稱為「遠端時間」，也就是現下的某些畫面場景，令我們連結到過去幾乎已經遺忘的某些時刻。換句話說，我想在家佳的心裡，和男友吵架的時刻勾起了她遠端時間裡的回憶。

那個遙遠的記憶，形塑出家佳心底的「創傷小孩」。

於是我問家佳：「如果在妳心裡有個受傷的孩子，妳知道她的傷是什麼？她的傷痕從何而來嗎？」

想當然耳，家佳的原生家庭有一對相當會爭吵的父母。理論上來說，這世上有幾對夫妻能日日恩愛不爭吵呢？但家佳從父母那兒接收到最大的創傷感受是，每當父母爭吵過後，往往左一個奪門而出、右一個負氣離去，獨留下家佳和她哇哇啼哭的弟弟，在彷彿不再走動的時間裡，等待父母重回家庭。

所以成年後的家佳，每當男友爭吵後離開事發現場，家佳就彷彿退回那個被父母丟在家裡的創傷小孩的狀態，那個忍耐著心底的不安無助、無窮盡等待父母的童年身影，便是家佳心裡「創傷小孩」的原型，讓她無法控制地在這種情境下顯得焦慮和歇斯底里。

「創傷小孩」會令我們自憐自怨，或者怪罪對自己造成創傷的人，並且無法控制地用強力抵抗或以牙還牙的行為來面對親密關係。

然而，「創傷小孩」的陰影之外也有光明面所在。因為這種受苦經驗的存在，我們會有一顆憐憫與同理他人的心，渴望服務其他受傷的人，並透過寬恕來學習成長。

就像童話故事《白雪公主》和《灰姑娘》，白雪公主差點被壞皇后給殺害，灰姑娘每天被繼母和兩個繼姊虐待，她們都是創傷小孩的經典原型。在許多童書版本中，壞皇后和壞繼母的下場幾乎被省略或用詼諧方式帶過，但也有人說，在最早的格林童話版本裡，白雪公主最後懲罰壞皇后穿上炙熱的鐵鞋，跳舞至死；灰姑娘的壞姊姊們則為了穿上玻璃鞋削斷腳趾，最後還被一群鳥給啄瞎了……

只是我常常在想，如果白雪公主和灰姑娘沒能如此圓滿地懲罰當初虐傷她們的人，她們是否會把這種想叫人削腳跟的欲望帶到婚姻關係當中呢？

你呢？你喜歡哪一種結局？

或者我該問：哪種結局能將你心底的創傷小孩，引導往真正快樂的方向？

## 孤單小孩原型（Child-Orphan）——「與家庭格格不入」的部分

**光明面：**克服生存恐懼，尋求心靈的自由獨立。

**陰影面：**渴望尋找代理家庭（家人／親人／情人），依附他人而拒絕成長。

根據艾瑞克森（Erik Erikson）的心理發展論，我們從出生那刻就開始學習「信任」別人了。換句話說，一歲以前是培養信任感的關鍵期，透過照顧者的充分給予、接納與支持，我們逐漸發展出對人的關懷與信賴，然後長成對社會人群的好奇和探索心。然而，這世界上有幾個人可以如此幸運，所遇的照顧者（父母）總是無條件給予、接納和支持？所以「格格不入」的感覺就發生了！為了生存，我們學會看臉色，有時勉強自己去討別人歡喜。這些細微到幾乎令人遺忘的記憶，都為我們內在累積了形成「孤單小孩」原型人物的能量。

你似乎感覺自己與周遭他人格格不入，卻又害怕自己的格格不入。

你可能強迫自己將一切都看成無所謂，卻又感覺自己內心深處其實還受到外在人事物的牽扯影響。

你討厭自己的心有所感，所以盡力讓外表行為看起來隨性不羈。但只有你自己知道：因為你在乎，所以你感到孤單。

我想起小兒子要上小學之前，同校的媽媽群組裡在討論小孩之後要帶什麼樣的便當盒去學校裝營養午餐。

A媽媽說，因為營養午餐有鹹湯和甜湯的區別，所以要帶子母碗（大碗包小碗），附上一隻湯匙。

B媽媽說，要帶那種有附餐盤的便當盒，菜飯分開，孩子比較方便吃。

C媽媽說，那乾脆帶重疊在一起的多層碗好了。

結果，開學沒多久，孩子個個省去了媽媽們為他們精心準備的花式碗盤，留下最素淨的便當盒一只，理由原來是：這樣最方便好用，在學校不容易造成與同學間的差異感，或者惹得他們出糗。

從這個例子可以看出，孩子想要同化自己與他人相仿的欲望——即便覺得把菜色混在一起吃很噁心的孩子也是如此，他們寧可放下自己的需要，也不要造成和別人不一樣的可能。

除非他們身旁有支持引導，否則孩子很難驕傲地認同自己的「獨特性」。

接著，未被支持接納的孩子長成了無法支持接納自己的成年人，「孤單小孩」躲在成年的軀殼下暗自喘息，在渴望和拒絕的矛盾中掙扎著。

直到我們學會融入自己的需要。

對成年人來說，孤單的感受之所以如此孤單，不再是因為「與他人格格不入」了。孤單小孩之於成年人，已經昇華成一種「與真實自我」格格不入的感覺，讓我們不知道自己是誰，找不到人生的定位。

「孤單小孩」的原型，正是在推動我們能夠與內在的自我靠近。

## 貧窮小孩原型（Child-Poverty）——一種「什麼都不夠」、「不滿足」的感覺

**光明面：**努力向上、積極爭取的動力。

**陰影面：**因為心裡的缺乏感而自私、憂鬱，或看不見他人需要。

曉甄是名「洋娃娃控」，她超喜歡搜集絨布娃娃。如果你想追求她，非得要為她去排隊買限量的洋娃娃，她才能感受到你對這份感情的用心。

嘉祥當爸爸之後，非常喜歡買遙控汽車送給自己的兒子，但他的「贈車」欲望已經令他太太搖頭嘆氣，到了無所節制的地步。

冠廷認為工作最大的意義就是賺錢，他的行事曆上填滿了各式各樣的行程，累到都得胃潰瘍了，他仍嫌自己賺的錢還不夠。

小容時常換男朋友，無奈每一位「前任」都被她嫌棄愛得不夠熱烈。分手男友私下罵她是個貪得無厭的大胃王，為她付出的愛就像丟進海裡一樣，「撲通」一聲就煙消雲散。

上述的狀況，都可以看成是內在的「貧窮小孩」原型正在成為當事人情緒上的主導。

所謂「貧窮小孩」，並不真的是指童年環境窮苦的意思，而泛指各種童年時期所「欠缺的」、「不滿足的」感受。比方說，有些人在成長過程中覺得父母對自己相當吝嗇，有些人則覺得父母一點兒都沒有關注自己……，從這些童年感受的延伸中，進而發展出各種不同樣貌的「貧窮的」感覺，並且成年後企圖在其他地方補償回來。

當我們的情緒受到「貧窮小孩」掌控時，可能會陷入自己內在深刻的缺乏感中，以至於看不見他人對自己的付出給予，也就可能體會不到人我關係中真實的模樣，長久下來，對親密關係可能產生一些不健康的影響。

舉例來說，一個從小被父母期待要成績優秀、長大後飛黃騰達的小孩，成績卻始終不見理想，因而自覺在家裡時常面對父母失望的眼神；這樣的孩子長大後成為一個父母，心裡的缺乏感令他將這種期待投射到自己孩子身上，嚴苛要求孩子要考上第一志願，以致他看不見孩子其實在體育上有過人才華。最後孩子的體育之夢因父母反對而破碎了，卻仍達不到父母理想中的成績期望，於是鬱鬱寡歡地變成另一個要求孩子成績優秀的父母。

所以說，「貧窮小孩」的原型是在推動我們去了解自己內心的缺失是什麼，才能明白心靈嚮往的方向在哪裡？否則，只要見到某些仿若能滿足內心欲望的東西，我們就會忍不住不分青紅皂白地想要抓住它。

## 神奇小孩原型（Child-Magical）——內在「無所不能」的幻想

**光明面：**相信「凡事都有可能」，面對逆境時能展現出智慧和勇氣。
**陰影面：**有著「不需要依靠努力和行動力就能獲得」的不切實際幻想。

精神分析的祖師爺佛洛伊德提出一個特別有趣的概念，叫做「嬰兒陛下」，描述了嬰兒早期的本位主義，認為這世上的人們彷彿都是為了替自己服務而生。換句話說，在媽媽子宮裡的我們憑著一條臍帶就能安然成長，呱呱落地後也自以為還透過隱形的臍帶在操控這個世界。

嬰兒早期的自戀感讓人自以為無所不能，不用耗費太多努力奶水就會自動靠近——「我」就是世界的主宰、世界的核心。

學齡後的孩子，腰桿卻沒能如此自信地挺直了；大腦發展的速度遠遠跟不上環境帶來的龐大刺激，我們開始面對挫折，學習謙遜。只是骨子裡那份屬於嬰兒時代的傲氣仍然依附在內心世界的某處，引領我們用單純的、真與善與美的眼光去看待外在的人事物。

漸漸地我們長大了，心裡偷偷保留著一點不切實際的幻想。如果你幸運地沒有遭遇太多挫折或旁人對你的壓抑，這份「沒什麼不可能」的行動力會依舊悄悄地跟著你，偶爾為你帶來一點「雙腳沒有踏在地球表面上」的浪漫夢想，促使你成為一個積極、直率、敢說真話的人。

對！就像《國王的新衣》[1]裡頭那個大喊「國王其實沒穿衣服」的小男孩，「神奇小孩」原型令我們有獨到的眼光，去說與做出別人所不敢為之事。

1 《國王的新衣》是安徒生童話系列的故事，內容是一位國王被騙子愚弄，說他們為國王縫製的新衣服是只有聰明人才看得到的，後來國王穿著這件幻想中的新衣服，驅車前往市集進行展示，被一名單純的小孩給揭穿。

值得注意的是，「神奇小孩」有時也是我們面對人生挫敗經驗的原型：因為現實環境太令人失望了，我們只好將內在心智保持在這種童年的浪漫中，來隔絕自己與真實環境的共處。於是「神奇小孩」不知不覺變得有點「白目」，讓我們學不會在適當的時間說適當的話、做適當的事，然後再自我安慰地說「我只是還沒遇到知音」。

面對心底的「神奇小孩」，我們需要釐清的是：他究竟是在幫助我們發揮「逆境智慧」？還是令人充滿「白目幻想」呢？

## 永恆小孩原型（Child-Eternal）——內心世界「拒絕長大」的部分

**光明面：**不讓年歲阻礙自己享受生活。

**陰影面：**拒絕成長，缺乏承擔與負責的能力。

關於不想長大、不想變老的心情，小飛俠彼得潘是經典代表。榮格借用羅馬詩人奧維德（Ovide）的「永恆少年」（Puer Aeternus）一詞，來形容這種拒絕長大的情結，而這同時也是小孩原型的其中一個面向：「永恆小孩」。

為何人們內心深處會存在著對成長的抗拒？我曾經問過一群幼稚園小朋友這道問題，他們給的理由也很簡單：

「長大就要很早去學校。」

「要寫功課，要考試。」

「長大要減肥，不能吃太多糖果。」……

總而言之，長大就不能隨心所欲、只顧自己喜好了，長大要承擔責任、遵從禮教，也意味著你逐漸不再有闖禍的資格，不再能忽略別人的感受。

長大還有一個令人感到恐懼的幻想，就是自己可能會成為像虎克船長（小飛俠彼得潘的死對頭）那樣邪惡又懦弱、可惡又無能的大人；如果不小心犯錯，可能會被鱷魚咬斷手臂（虎克船長的手被鱷魚吞掉，他的「義肢」是一根邪惡無比的銀色鐵鉤），一輩子都在害怕鱷魚的陰影下過活。

長大也代表著一種失去，你會逐漸喪失你的體力、身材和美貌（如果你覺得自己有這些東西的話），甚至失去熱烈地迷戀你的人……

是的，光只是想像，「長大」這件事都令人感到渾身顫抖。正是在這樣的心理狀態下，現代「抗衰老」診所才會如此受歡迎，那滿街的招牌或許都是我們內心「永恆小孩」的社會象徵。

梅君對於「抗衰老」的興趣是眾所皆知，年過四十五的她仍保養得宜，臉上皮膚不管風怎麼吹都不起一絲皺摺；但她老公就稍嫌辛苦，每天上班累得半死，還要被梅君逼著上健身房。「老天讓你長得這麼帥，你怎麼能老呢？」這是梅君最常對先生說的口頭禪。最後，先生終於不堪龐大的生活消費負擔而病倒了。在先生的病榻前，梅君說：「你趕快起來啊！你不要丟下我一個人嘛！我不要出去工作！你趕快起來嘛……」

梅君這麼一呼喚，先生乾脆真的撒手人寰了。旁邊哭得更傷心的還有他們的女兒：「媽，我們以後怎麼辦啦！我大學都還沒畢業，妳趕快想想辦法啦！」

失去了一家之主，老公主和小公主得要靠自己謀生了，但是她們心頭的「永恆小孩」當道，誰也不願負起養家的責任。

難道「永恆小孩」的下場總是如此淒慘嗎？倒也不是。

「永恆小孩」其實也有光明的存在：他為生命增添了活力與享受，平衡了成人生活的枯燥與嚴肅。

然而，一切都是比例問題。如果一個人三百六十五天都被「永恆小孩」給主導，你能想像那會是什麼樣的人生嗎？

## 面對「內在小孩」的原型陰影，可以怎麼做？

內在小孩的心裡話：

創傷小孩：「為什麼這些事會發生在我身上？」
孤單小孩：「為什麼我和大家都格格不入？」
貧窮小孩：「為什麼我沒辦法要到我想要的東西？」
神奇小孩：「為什麼人要這麼努力？」
永恆小孩：「為什麼人要長大？」

請檢視上述內在小孩的特徵，以一到五的順序，排出你的五個內在小孩出現頻率的高低，指出最常出現在你生活中的內在小孩是哪一個？

請寫下這些內在小孩出現在你生活中，對你生活所造成的影響？並且透過一些曾經發生的情境，來思考你的內在小孩出現時，通常是為了什麼？

想一想，當內在小孩出現時，你可以做些什麼來照顧他？

# 行動潛在原型

如果我們把人生視為一場旅行（履行），一場由一連串行動組合而成的實踐之旅，那麼，我們可以從這一連串行動中，找到一個重複出現的模式。這就是接下來要討論的，與我們實踐人生的行動力相關的十二個潛在原型：重建者、復仇者、解放者、反抗者、療癒者、救世主、驅魔者、僕人、戰士、運動家、變形者、尋道者。

然而，所謂的「行動力」其實暗藏著一種我們無從控制的自動化行為，這也是情緒陰影的第三種表現方式，和我們「內在小孩」的原型緊密關連。由於「小孩」原型中時常涵蓋我們童年時期未被滿足的願望，因此，當我們在實踐自己人生的同時，可能也在透過行動滿足自己心裡頭的那個孩子。

在產生某些行動時，我們不妨問問自己：如此過生活的我，內心住著一個什麼樣的小孩？

## 重建者原型（Rebuilder）——我的想法比你們優秀！

**光明面：**能夠大刀闊斧，重新建構新事物。
**陰影面：**透過重建行動來消耗潛藏的破壞性衝動。

「重建者」原型，具有一股破壞後再重新建構事物的衝動，所以常展現出一種亟欲大刀闊斧、改變現有體制的行為模式，並透過這種重建體制的行動，來消耗內在的破壞性能量。

這種行動特質的人，常常散發出一種堅決的魄力，甚至帶有一點強勢和不容拒絕；然而也容易陷入一種誘惑，認為自己的觀點優於現有體制，而掉入傲慢的心態當中，使得這樣的行為模式過於僵化。

倘若「重建者」的行動特質失去彈性，以致無法與其他原型特質相互調和時，可能產生破壞的力量，讓人變得好像看什麼都不順眼，甚至出現摧毀別人夢想和未來發展的衝動性行為——其背後的原因，可能就是一種對於與自己相異體制的否定感。

家俊剛當上主管那年，就展現出「重建者」原型的行動特質。他奉命接管公司內部一個業績不太好的部門，經過仔細檢視，他找出部門裡頭的問題所在，在他接手後，舉凡員工的上班時間、主管會議時間、會議報告格式等等，通通都被家俊修正成新的做法。有些在公司已經服務二十多年的老員工，受不了這樣的改變想求去，家俊二話不說地批准，只留下一批願意接受全新指令的舊員工，還有剛加入公司的新血。果然在極短的時間內，就讓業績有了起色。

「把這改掉不就好了？」這是家俊掛在嘴邊的口頭禪，不負眾望地，他也做出成績來了。所以當公司又交給家俊一個新任務時，有了上次的成功經驗，他自然是意氣風發，想要在新單位裡推出一番強而有力的新風貌。無意中家俊發現，公司一直以來合作的幾間下游廠商，報價並不是相關廠商中最低的，於是他打電話要求對方降價，卻被廠商們以堅持品質的理由拒絕了；掛掉電話後的家俊心情相當煩悶，在他的人生經歷中，從沒在改變的路上遭遇過如此難以突破的僵局。於是他馬上下指令，要把原來合作的幾間老廠商換掉！

風聲一出，好幾位基層主管率先跳出來反對，大家都勸家俊：請三思啊！要先注意產品品質和廠商信用。

家俊立刻駁斥了其他人的意見：「你們就是這樣，公司才始終無法突破！」

「『突破』雖然很重要，但在景氣不好的時候，不是起碼要先思考怎麼『維持』嗎？」站在反對立場的A小姐，說出了大部分員工的心聲，但沒過多久，A小姐就被調離了家俊的部門。從此之後，再也沒什麼人敢向家俊反映意見了；家俊順利地將舊廠商一間間換掉，也悄悄地排除異己，將不同想法的人都遣送離開。

家俊的部門裡再也沒有反對他的聲音了，然而，與其說家俊獲得了大家的支持，不如說員工們都害怕他。後來，某間家俊新更換的廠商因為經營不善倒閉，家俊臨時無法添購零件，轉向以往的舊廠商尋求幫忙，卻被回絕了，公司裡其他員工也沒有任何人願意多幫家俊的忙。由家俊主導的一項專案因此跳票，家俊引咎辭職。老闆沒有慰留他，員工也沒有歡送他。

家俊帶著恨意，一個人默默地離開了公司。他始終沒有發現，會落得這樣的下場，問題當然不是出在他大刀闊斧的魄力，而是因為他在反覆重建的快感中，所衍生出來一種傲慢的姿態。

在「重建者」原型的行動特質中，我們需要學習的就是聆聽他人，並懂得駕馭自己的傲慢。

## 面對「重建者」的原型陰影，可以怎麼做？

想一想：每當你想要打破陳規、建立新規則時，會因為這個過程感到開心充實嗎？你的重建行為是否為你帶來正向的結果？

如果這些行動多為你帶來不開心的、負面的感受，你覺得問題可能會在哪裡？有哪一些別人的聲音是你沒有注意到的？

## 復仇者原型（Avenger）——把公平正義還給我！

**光明面：**能夠衡量正義天平，從事鋤強扶弱。
**陰影面：**陷入自以為是的公義，放棄道德，行為偏激。

「復仇者」原型，是一種反對不公不義的行動特質，渴望嫉惡扶弱，透過某些舉動在自己內心的正義天平上取得平衡。所以這種特質讓我們看待事物時，會用一種夾帶著是非對錯的眼光，去估算自己與他人、他人與他人之間的權力平衡。

當「復仇者」原型特質在我們身上產生作用時，我們往往會因為某些（對自己來說）正當的理由而採取行動，但由於內在對於不公義的憤恨，可能使得我們在行為上顯得較為激進，甚至可以為了公義的理想而放棄某些道德原則，比方說：使用暴力來對惡人進行懲罰。因此，倘若我們固著在這樣的行為模式當中，便可能進一步展現出偏激或令人害怕的性格。

我們來看看在一個團體中所出現的例子。

一群小學生的家長在網路社群裡討論學校即將舉辦的大型活動，大家在商量家長要如何分配任務。有人提出一個意見，為了公平起見，乾脆大家送小孩時順便提早到學校幫忙。大部分的人都表示贊同。

一位家長A突然回應：「我那天早上要上班，沒辦法那麼早到。」

只見幾位家長紛紛靜默下來，原本熱烈討論的群組就這樣沉靜起來。

幾個小時後，一位家長B回應了：「六點半就上班也太早了吧？我覺得那天早上應該很多人都要上班，大家都是為了孩子才提早一小時到學校，就我所知，甚至還有家長為了這件事請假。一年也才這一次，應該沒有這麼難吧？」

這句話說完後，群組變得更安靜了。

又過了幾個小時，家長A又回應了：「我家有一個才剛出生的小孩，那麼早起來我根本不知道要把他放到哪裡？每個人家裡的狀況根本就不一樣，說話這樣不客氣是什麼意思？難怪現在的小孩說話都這麼沒禮貌，原來都是學大人的。」

這一次，沒有等到幾個小時，家長C就回應了：「其實我一直很欣賞願意說出真心話的人，大家都辛苦了。有什麼困難提出來，大家都會互相幫忙的。」

也不知道有沒有看到這段話，家長B很快回應：「我是覺得，是非大家都看在眼裡，有時候惱羞成怒，對孩子是很不好的示範。」

類似的例子也發生在街頭上。小黃騎著機車載女朋友去花市買東西，假日的馬路邊停滿了車輛，小黃找車位找了好久，終於瞄到一個空著的停車格。由於前面一台汽車擋著，小黃稍微騎車靠邊，讓女友先下車到車格旁，打算等會就滑進那個停車格去。

汽車好不容易開走，當小黃要騎進車格時，一輛紅色機車搶先一步滑了進去，小黃的女友嚇了一跳，整個人跳彈到人行道上。小黃心裡一股氣上來，把車子擋在紅色機車車尾，大聲地對機車騎士說：「先生，這個位置是我要停的！」

騎士連正眼都沒看小黃，逕自拿下安全帽說：「格子是要給車停的，又不是給人站的。」

小黃越聽越氣，忍不住站在路邊和對方理論了起來，但對方始終不肯讓出車位。小黃於是叫女友上車，並撂下一句話：「算了，狗聽不懂人話。」

這句話果然讓對方氣得大叫：「我才猴子不跟狗鬥勒！」

小黃回說：「好好的人不當，幹嘛一定要當動物。」說完就騎機車走了。

在上述兩個例子中，除了第一例跑出來打圓場的家長C是之後會提到的「療癒者」原型外，其餘皆是「復仇者」原型的行為展現。這種行為發生之前，通常是我們心裡先感受到一種違反公平正義、所以要「教訓對方」的感覺，因此我們無可控制地出現某些在情緒冷靜時不一定會出現的舉動。透過這種「復仇者」式的行動，來降低我們內在失衡的焦慮感。

值得一起思考的是，為何自己這麼容易就被這種情境給惹毛呢？當我們願意深入那個情境，去體會那種想要復仇的焦慮，你可能會發現，這種行為模式也許是我們從原生家庭、從父母身上學來的？或者這裡頭還藏著對於世界、對於社會環境的某些怨懟？更或許還藏有我們對於自己始終沒有被合理對待的命運？

不管你是哪一種，都先別覺得懊惱。只要我們願意去探索，自己內心的「復仇者」原型背後所夾帶著的感受和價值觀是什麼，就不怕因為太過關注於「復仇」本身的行為，而沒能從自己的生活中，去找到能夠更加了解自己的線索。

## 面對「復仇者」的原型陰影，可以怎麼做？

當你的生活中出現「復仇者」的行為模式，把這件事情的始末記錄下來。寫完後，請從頭閱讀一遍事情的經過，你有沒有發現在這過程中，你被惹毛的點是什麼？

如果你是非常容易顯現「復仇者」形象的人，請用上述方法多記錄幾次，並找出這些事件的共通點（比方說，我會被惹毛多是因為我覺得「別人誤會我」、「別人不尊重我」），想一想，這個議題是你自己在意的，還是小時候在原生家庭中常常聽到父母在意的？

當下次再出現類似的事情時，請覺察你的「復仇者」原型是否準備要出現，此時請問問自己：對方真的有你所想的意思嗎？即便對方真的很可惡，但也問一問自己，真的想透過「復仇者」的舉動來跟他建立糾葛的關係嗎？

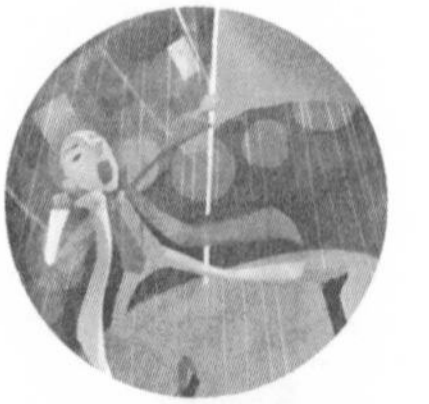

## 解放者原型（Liberator）——我和你們是不一樣的！

**光明面：**能夠不被傳統價值觀捆綁，不從眾。
**陰影面：**缺乏邏輯思維時，顯得蠻橫霸道。

「解放者」原型，是一種反對傳統、拒絕過時信仰的行動特質，提倡人們應該從老舊的看法和恐懼中解放出來，不被傳統價值觀所捆綁，要當一個能跟得上時代潮流的人。因此，「解放者」原型會驅動我們去成為一個想要積極創新的人。

「解放者」原型的行動力，若能搭配上清晰的思維邏輯，可能使我們展現出能夠帶領群眾走出心靈禁錮的魅力；但若搭配上帶有負面情緒的原型陰影，則可能轉變成另一種蠻橫霸道的模樣。

電視劇《人間四月天》曾經演出中國知名詩人徐志摩和前、後任妻子張幼儀、陸小曼的故事。據說，徐志摩雖然聽從家裡安排娶了妻子張幼儀，但在第一次見到張幼儀的照片時，便以嫌棄口吻評論她是「鄉下土包子」。《人間四月天》裡甚至有一個橋段，在剛結婚時，徐志摩就立志要成為「中國第一個離婚的男人」。

果然，婚後徐志摩就追求自由，出國留學，妻子則待在老家伺奉公婆，夫妻兩人的思想越離越遠。張幼儀後來前往英國和徐志摩會面，但因徐志摩愛上林徽因，要求張幼儀墮胎和同意離婚。張幼儀離家出走，前往柏林生下第二個兒子，並正式和徐志摩離婚。

在這段故事裡面，我們很清楚地從徐志摩身上看見「解放者」原型的特質，他想要當一個新時代的男人，所以總是去接近新思想，接近不同於傳統思維的女人。張幼儀在她的自傳《小腳與西服》[2]中，用「小腳」和「西服」來象徵他們夫妻之間的差異，也讓我們深刻感受到，穿著「西服」的徐志摩，是多麼想要脫離「小腳」的束縛。

徐志摩對時代的影響力，我們就不多談了。從另一點來看，像徐詩人這樣的「解放者」，

2　張邦梅（Pang-Mei Natasha Chang），《小腳與西服》（*Bound Feet And Western Dress*）（譚家瑜譯，臺北：智庫，二〇一五）。原著出版於一九九七年。

對他無緣的前妻張幼儀雖然有許多情感上的傷害，卻也有許多生涯、事業發展上的啟發。比方說，因為隨著徐志摩到英國，又突然被他無情地甩掉，張幼儀才傷心地到德國接受教育。離婚後，張幼儀接管經營上海女子商業儲蓄銀行，並且在很短時間內讓該銀行轉虧為盈，之後又開辦雲裳服裝公司，引進新潮的時裝，成為一個開創新時代的女企業家。如果說，張幼儀當年還留在那樣的婚姻裡，或許這一切都不會發生。

站在心理學的觀點，我們可以說：張幼儀身上的「解放者」原型，因為遇上這樣一個「解放者」行動的丈夫，而被啟動了。

當然，「解放者」原型也有其陰影。如同我們先前提到的，「解放者」原型的背後是一幅「心靈被禁錮」的意象，使得我們對外在環境可能產生一種幻想，認為這世上可能存在著一個不同於內在禁錮的理想化生活，只要我們尋找到它，就能與眾不同。這種潛在的無意識，讓我們遇到某些可以投射內心理想化的人事物時，便不顧一切地朝自己的想像奔進，但旁人卻可能無法跟上我們的行動，而受到某些傷害。

所以說，當我們面對內在的「解放者」原型時，得要理解「解放」的意義其實是一連串的歷程，而不是一蹴可幾的目標。一個健康的「解放者」原型，往往是經過許多深思熟慮的解放式行為才能累積出來的。

### 面對「解放者」的原型陰影，可以怎麼做？

問一問自己，你覺得被體制環境束縛的地方在哪裡？如果可以選擇，你想要身在怎樣的工作或學習環境？

評估一下自己的工作和學習，是你所想要的嗎？若否，你可以做些什麼調整，讓自己不會活得太過壓抑？

## 反抗者原型（Rebel）——我不想遵守規定！

**光明面：**對合法體制的批判性思考與適度反抗。

**陰影面：**夾帶著個人議題，形成具有「演出」性質的反抗行動。

「反抗者」原型的行動力，是透過反抗權威去引發變革，對於權威的表述往往有許多批判性的想法和行動，對於法治的權力（也就是人在社會上被規定需要遵守的規則）有反動的欲望。

因此，「反抗者」原型可能驅動我們成為一個有清楚立場的革命分子，去反對所謂「合法」權威對人們的束縛，比如說：老闆對員工、父母對孩子。

然而，「反抗者」卻不一定總是憑著合理的原因去反對權威。有時，我們可能夾帶著自我的意氣用事，表現出其實是「為反對而反對」的衝動行為，「人家要我遵守什麼，我就偏偏不想那麼做」。還有些時候，我們為了想要引起關注，或者順應社會流行的趨勢，而刻意要「展演」出「反抗者」的特質。

總而言之，「反抗者」原型意味著我們內在對於「順從」的反叛，我們內在那股根本不想乖乖順服的衝動的行動化。來看看下面的例子。

玟婷從小就是個典型的乖孩子，身為家中的老大、一個妹妹和一個弟弟的姊姊，她十分明白自己要聽話順從，才能建築起自己在家裡的位置。

「妳是姊姊，要讓弟弟妹妹！」

「妳是怎麼看的，怎麼讓弟弟跌倒了？」

「順便幫弟弟妹妹把便當盒洗一洗。」

「爸爸媽媽要出去，弟弟妹妹就交給妳了！」

爸爸媽媽的每一句交代，對玟婷來說都像聖旨那樣的尊貴。她心裡明白，家裡的老二妹妹出生時，爭去了父母原本對她的關愛一半；家裡的老么弟弟出生後，再把她僅剩的一半關愛又奪走了將近一半……，如果不乖乖聽話，在父母心裡，她還有什麼價值呢？

然而，玟婷的父母都不知道，她在學校和在家裡的模樣，簡直是天差地遠。如果她在家是張乖乖牌，那麼一到學校，這張牌就翻到叛逆的那邊了。這股傾向在玟婷高中時達到高峰，當年，她照父母期待念了重升學率的私立學校，被同學選為班上的學藝股長，但她對學校要學生留校輔導的要求相當不以為然，便動起小腦筋，運用學藝股長可以借用導師職章來幫班級日誌蓋章這點，偷偷幫想翹課的同學們蓋章。

玟婷也非常具有煽動力，她私下帶頭反對學校禁止學生染髮，還和一群同學偷偷地趁三更半夜時，在學校大門口噴上抗議的紅色油漆。

不幸地，這次冒險的反抗行動被教官抓到了。玟婷的父母收到通知趕來學校，不可置信他們心裡頭乖巧的寶貝女兒，居然敢膽大包天地做出此等叛逆的舉動。但玟婷告訴她的父母，如果沒有做這些事，她根本就不知道怎麼活下去才好？

其實，或許更值得我們（和玟婷的父母）關心的是：在這麼多的反抗行動中，玟婷究竟想要「反些什麼」？又究竟想要「反抗誰」呢？

這是「反抗者」原型在我們身上展現時，最值得問問自己的一句話。因為那些反抗的行為，或許只是為了幫助我們抒發長久以來受到權威壓抑的焦慮感。

## 面對「反抗者」的原型陰影，可以怎麼做？

想一想，當你想要反抗某些事情時，心裡的感受是什麼？這個感受的強度與你所遭遇的情境相符嗎？如果你發現自己反抗的力道，已經大於環境實際帶給你的壓迫，你覺得背後的原因可能是什麼？

回顧自己的童年，你會用「乖」、「順從」來形容過去的你嗎？有沒有哪些你所做的事情，其實是為了別人而做的？

如果你同時覺察到自己身上有「反抗」和「順從」的部分，可否試著從日常生活中去調整這兩個元素的比例，讓它們往五〇%、五〇%的比例靠近？

## 療癒者原型（Healer）——我做的一切都是為你好！

**光明面：**能夠照顧與關懷別人。

**陰影面：**給予他人所不需要的過度關懷。

「療癒者」原型，代表一種採取行動來轉化他人痛苦的熱忱。當看到某些正在受苦中的人們，「療癒者」原型可能驅動我們前去照顧、關懷他們，進一步醫治他們身心靈所遭受的痛苦。

「療癒者」原型是怎麼形成的呢？榮格曾經提出「受傷的療癒者」（wounded healers）這個名詞，意思是說：療癒別人的人往往也是受過傷害的人。尼采有一句名言：「那些殺不死我的，將使我變得更強大。」指的就是這個道理。

為何「受傷」的人，可以形成「療癒」的能力呢？靠的就是「轉化」這件事。舉例來說，臉書（Facebook）營運長桑德伯格（Sheryl Sandberg）是個傑出的女企業家，她所寫的《挺身而進》[3]這本書，將她在全球的知名度和聲勢推往高峰。沒想到，正當榮耀集於一身的同時，桑德伯格的丈夫卻意外過世了，這讓她的生命經歷好大的黑暗。她求助心理學家，透過許多心理實證的方法，來「轉化」生命的破碎與痛苦，最後，她寫下了《擁抱B選項》[4]這本書，訴說她轉化痛苦、重新接受生命的歷程。

「療癒者」原型也可能儲存著童年的受苦記憶，比方說：因為父母疏於照顧而曾經被父母

3 雪柔・桑德伯格（Sheryl Sandberg），《挺身而進》（*Lean In: Women, Work and the Will to Lead*）（洪慧芳譯，臺北：天下雜誌，二〇一五）。

4 雪柔・桑德伯格、亞當・格蘭特（Adam Grant），《擁抱B選項》（*Option B: Facing Adversity, Building Resilience, and Finding Joy*）（齊若蘭譯，臺北：天下雜誌，二〇一七）。

化的小孩，在小小年紀時被迫去遞補父母的功能，照顧家中更年幼的弟妹手足，或者不成熟的父母親。

所以說，「療癒者」之所以為「療癒者」，是因為曾經體會過傷痛的力量，而能透過具有同理的行動來陪伴受苦中的人們。

然而，「療癒者」原型的固著，也可能讓我們產生一種強迫性的、想要管別人閒事的行為傾向。這往往來自於「療癒者」原型中對痛苦記憶的迷戀，會不自覺地想要去「挖掘」別人的痛苦，自以為可以從中醫治他人。但某些時候，缺乏關係深淺的衡量，「療癒者」原型便可能使我們對他人產生某些冒犯的舉動，讓人誤以為我們要去窺探別人的隱私，或者干涉他人的生活。這就是落入「療癒者」原型的陰影層面時，行動變得過度熱心的結果。

我們來看看下面的例子。

詠琳是一個「好人」，心地非常善良，對周遭他人都有相當氾濫的同情心，並覺得自己可以幫得了別人。如果她看到什麼值得關心的人，卻不能去插手管一下，就會覺得渾身不對勁。

詠琳最近剛到一個新單位工作，這裡的同事看起來都非常友善，所以她很快就覺得自己已經融入新環境當中。她和其中一位同事婉萍特別投緣，婉萍最近快要結婚了，卻因為婚前心情太過焦慮，有時在公司裡會自己躲起來偷偷掉眼淚。

「到底發生什麼事了？」只要婉萍不見了，詠琳就會去尋找並慰問她。

「沒什麼，我一個人靜一靜就好了……」婉萍只是哭。

「妳這樣怎麼叫人放心得下？」

「真的沒關係……」

「我沒辦法放妳一個人這樣。」

「我都說我沒事了！」彷彿被人叨擾，婉萍聲音逐漸高昂。

詠琳嚇了一跳，心裡覺得相當受傷。她沒有意識到，自己內在的「療癒者」原型，已經讓她撈過界，去管那些別人不想她管的事情了。即便「療癒者」的本質是「我想為你好」，但她卻忘了去衡量：此時、此刻，眼前的人需不需要我們這麼做？

所以說，活在「療癒者」的原型中，我們總要提醒自己：放下自以為是的「我是為你好」，才能看見他人真正的需要；也別忘了關照自己，才有多餘心力清楚地去觀見他人。

## 面對「療癒者」的原型陰影，可以怎麼做？

想一想，那些你會想要幫助，或者無法插手不管的「個人」，身上有什麼樣的特質勾動了你，讓你覺得無法棄他於不顧？

想一想，你和這些你想幫助的「個人」的私交關係，已經進展到你適合做出這些行為了嗎？你的行動中，有沒有什麼「交淺言深」、讓他感到不舒服的地方？

## 救世主原型（Savior）——你們沒有我不行！

**光明面：**具有幫助別人的使命感，並付出行動。
**陰影面：**僵化的「保護者」姿態和執著於「被人需要」。

「救世主」原型是基於一種要去拯救人們的使命感所激發的行動，在心理學本質上，帶有某些神聖的、超越凡人的使命感。因此，「救世主」原型促使我們以一種在他人之上的姿態，去實現保護和幫助某個族群（甚至全人類）的理想。也就是這種原型，促成了心理學上所說的「彌賽亞情結」。

「彌賽亞」指的是基督教的救世主，心理學引用了這個名詞，來形容那種自以為可以將求助者的苦難全都扛在身上的「保護者」心態，甚至在不知不覺中「神化」了這種協助他人的舉動，內心會用「拯救」的概念來定義自己的行動。背後的潛在目的，其實是透過這些行為來產生「被人需要的感覺」，以增加內在的成就感和自信心。當然，「被人需要」的執著，也就變成「救世主」的陰影面了。

在臺灣民間信仰中，許多廟宇就供奉著當年傳說故事裡的真實人物。高雄市路竹區有個「寧靖王廟」，主祀明鄭時期的寧靖王朱術桂。據說，當年降清將領施琅攻下澎湖，朱術桂為展現對國家的忠誠，先將土地分賞給佃農，房舍捐為佛寺，決心自殺殉國。寧靖王死後，地方上出現許多神蹟式的傳說，朱術桂也被地方居民供奉為「寧靖王神」。

媽祖林默娘的故事是另一個耳熟能詳的民間傳說。據說，媽祖林默娘在十六歲時就能驅邪救難；十八歲時其父困在狂風暴雨中，也是她悄悄施法才得以風平浪靜，解救父親的安危。

所有被賦予「救世主」期待的角色，似乎都要帶著這種不可思議的神蹟降世。也因此「救世主」原型的陰影，則讓我們墜入一種自以為是的使命感中。換句話說，別人可能並不需要我們這麼做，但因為我們自己渴望享受那種濟世救人的感覺，便無意識地反覆出現這種舉動，並且告訴自己其實這是別人的需要。

來看看下面的例子。

秋霞是一位家庭主婦，她年輕早婚，也老早就生下了一兒一女。在同儕仍然如花樣年華時，她把別人投注在工作上的心力都給了婚姻、給了家庭、給了小孩，面對其他現在已經事業有成的同學（尤其是女同學），她心裡總有股複雜的失落感。

還好，現在的小孩上學念書後，學校的花樣都特別多，秋霞的兒子和女兒念的是評價極高的私立學校，自然一切也不能馬虎。從上幼稚園開始，秋霞就特別積極參與學校活動、拉攏家長社群，果然皇天不負苦心人，大兒子上學的第一個學期，她就被選為家長代表。

慢慢地，原本缺乏事業重心的秋霞，發現當家長代表的「與眾不同」：可以在上課時間任意穿梭校園，有時還能插手一些學校的大小事，造福自己孩子和某些「自己人」；有些時候，靠著代代相傳的經驗在網路群組裡發個資訊，就能獲得如同「拜媽祖」般源源不絕的感謝聲。不知不覺地，秋霞花在當家長代表的時間越來越多，她犧牲了許多睡眠和休息時間，但也換來了她最需要的——別人對她的依賴。

於是，秉持著一種「捨我其誰」、「我不入地獄，誰入地獄？」的姿態，秋霞這個家長代表，就這樣一年一年地當下去了。只是，每當她總是抱怨自己當個家長代表忙到睡眠不足時，旁人始終搞不清楚：這些話背後究竟是高興？還是難過？

在「救世主」原型中，最怕的就是「沒有我不行」的執著，這種執著常常是用來遮掩我們內在對於自己有一天可能會變得毫無價值的害怕。「救世主」原型看似在努力為自己的人生創造價值，但也是把自我價值的來源寄託在別人身上，而忽略了練習從自己的內在去看見自我的美好。

**面對「救世主」的原型陰影，可以怎麼做？**

想一想，對於「社會人群」，你的自我使命感是什麼？

再想一想，能夠做「對社會有意義的事」，對你而言重要嗎？那背後的意義是什麼？

最後想一想，如果你是個很有使命感的人，這種使命感可能是從哪裡來的？

## 驅魔者原型（Exorcist）——讓我趕走你心中的惡魔！

**光明面：**能把自己或他人從毀滅性的力量中解放出來。
**陰影面：**責備、怪罪、否定他人，來逃避面對自己的心魔。

有一句話說：「每個人心裡都住著一個魔鬼。」

所謂「魔鬼」，指的是我們內心那股具有破壞性、毀滅性的衝動；而「驅魔者」這個原型，便是驅使我們產生某些行動，去把自己或他人從毀滅性的力量當中解放出來。

要驅逐別人內心的魔鬼，我們會做什麼呢？最常見也最本能的，是夾帶著「責備」的舉動，或者透過「感化」或「喝斥」式的行為，來促使別人產生改變，遠離那些破壞性的人事物。然而，「驅魔者」的心理本質，常常是驅使我們相信別人心裡住著個魔鬼，這不單是一種對他人的否定，也是一種「你心裡有魔鬼，而我能幫你」的上對下的認知。

所以「驅魔者」原型的陰影，也可能令我們與他人處在一種不平衡的關係中。這背後意味著我們不敢去面對自己心底的魔鬼，所以不知不覺地把這種心魔形象，去投射到別人身上。

我在做家庭治療時，就常常遇到「驅魔者」型的父母。

某天，一對父母帶著他們的兒子來到診間，告訴我這個孩子有「過動症」，無時無刻不在扭來扭去，過動到上課無法專心，他們擔心孩子之後會有暴力傾向。

很有趣的是，這對父母在向我訴說他們兒子「過動」的那半小時中，孩子乖乖地坐在椅子上畫畫。我看著安靜的孩子，心裡想：何以在父母眼裡連一分鐘都坐不住的孩子，到診間卻變得這麼安靜斯文？

我拿了一張紙給孩子，又給他一盒色筆，請他幫我寫上他自己的名字，向我介紹他自己。孩子從整盒彩色筆中挑了一支螢光黃色，在A4白紙上準備寫上自己的名字，才剛動筆，就被爸爸開口制止：「你挑這個顏色寫，老師怎麼看得懂？」孩子瞬間把螢光黃色丟到地上，又快又狠地抓起了黑色筆來寫。

「你字不好好寫，老師怎麼看得懂？」爸爸又忙著說。

我忽然懂得，為何這個孩子對父母而言會是個行為過動的小孩，因為在他父母的眼裡，孩子身上住了一隻名叫「過動」的惡魔。所以這對父母千方百計地，想要幫他「驅魔」；所以他們回應孩子的話，幾乎多是受到「驅魔者」原型的推動。最後，這個原本不覺得自己身上住著惡魔的孩子，彷彿慢慢相信，真的有隻惡魔來纏住自己了，並且逐漸地表現出自己身上真有隻惡魔。

你要說這是一種「吸引力法則」也行。用心理學的語言來說，我會說這是一種「自我預言」：你心底「預期」會發生什麼，就會不知不覺地「製造」讓它發生的情境。

後來我才知道，這個爸爸的父親，職業是個老師，還是學校的訓導主任，過去也是用這種「驅魔者」的行為模式在對待自己的兒子。過去那個年代，當學校老師的孩子壓力何其大？學校裡頭有多少雙眼睛在幫父母盯著自己？更何況是訓導主任的小孩，所有行為都被放大來看。這個爸爸的個性直率，但生長在這樣的環境中，卻被教育得很壓抑，害怕自己犯了什麼過錯，會丟了父親的臉。

我想，這個爸爸會一直想替他的孩子驅趕那隻名叫「過動」的惡魔，是因為他很擔心這隻魔鬼也藏在自己心底。

一個健康的「驅魔者」原型，是會在感知到魔鬼的存在時，先去「認識」它，了解魔鬼為何駐足在別人和自己內心的原因。許多藏在內心的「魔鬼」經過理解之後，或許便可能展現出我們無法預期的人性的一面。

## 面對「驅魔者」的原型陰影，可以怎麼做？

想一想，你常常在別人身上看到什麼樣的「魔鬼」？如果它有名有姓，你覺得它會是什麼樣子？

再想一想，如果你心裡也有隻魔鬼，它又會是什麼樣子？

你心裡的和你在別人身上看到的魔鬼，有什麼相似或相異的地方？

## 僕人原型（Servant）——我是為了你們而活！

**光明面：**心甘情願為他人提供服務。

**陰影面：**無法肯定、為自己做選擇，而被迫替人服務。

當「僕人」原型在我們內心啟動時，通常會產生用較為低下的姿態，去為他人服務的行為模式。這種因內心的低姿態所展現出來的行動，與現實生活中的工作階級並無關連；就好像我們心裡有一股衝動，需要造福某些人才能好好過活，所以會表現出一種近似於討好的行為。

因此，「僕人」原型的陰影層面，則是一種好像被迫服務他人的無奈，彷彿有一張簽給別人的服務契約，我們怎麼都無法贖回自由。然而，這背後可能藏著自我價值的迷思：我們沒辦法打從心裡肯定自己，不相信自己做選擇、做決定的能力，甚至還可能懷疑自己產出經濟的效能，所以才把自我的能力和意志力，交託給自己想像出來的外在權威形象。換句話說，「僕人」原型的背後，我們可能想像著：自己只是別人的附屬品。

看看接下來這個例子。

秀娟在公司裡是個小組長，管的人雖然不多，但打掃這種事肯定不是她的職責。只是，每當環境需要清潔時，秀娟就彷彿有種幹嘛請清潔人員幫忙的心理障礙，寧可放下手邊工作先去把地掃乾淨，還常常為此耽擱了手邊正在進行的工作，連她自己都感到有些懊惱。

對待家人也是，秀娟不知不覺地將丈夫和孩子照顧得無微不至：每天都親自做早餐，餐後水果都要去籽削皮，服務得好不周到；下班回家她也不忘先弄好晚餐、洗好家人的髒衣服，有時忙到連坐下來好好吃飯的時間也沒有。有人問她：「妳上班也蠻忙的，何必一定要天天這麼做呢？」她說：「都已經做習慣了。」

所以大部分人都覺得秀娟是個好人。由於人太好了，也有人開始背後虧她喜歡搶人飯碗，把老公小孩變得無能。

秀娟表現得像個「僕人」，這和她現實中身為「基層主管」、「母親」和「妻子」的角色任務顯然並不相稱，如果是法家的韓非子[5]在世，大概會說秀娟的行為「逾越了自己的本分」。但她為什麼要這麼做呢？

秀娟說，這點她是跟她母親學來的。秀娟的母親身為一個家庭主婦，把丈夫小孩放在自己的世界最核心的位置，「為了他們而活」——她沒有自己的娛樂和社交圈子，彷彿「家人」就是她活在世上的意義，彷彿時時刻刻為家人服務，才能感受到生存在世的價值。

秀娟不知不覺地「複製」了這種行為模式，以及模式背後「把自己的需求擺到後面去」的生活態度。我們可以合理推論，因為秀娟的母親活得並不快樂，秀娟才會用同樣的行為模式來記錄自己的童年。為什麼這麼說呢？如果秀娟的母親真是個以「為他人而活」為樂的女人，那麼她的「服務」裡面，也必然傳遞無盡的愛與歡樂，她的孩子也勢必是個能夠看見自己需求的人，而不是一個連合理地請人幫忙都難以開口的人。

甚至可以說，秀娟可能是藉由將「僕人」的原型特質保留在自己身上，來記錄（記憶）母親在原生家庭中的不快樂，內心其實渴望有一天能超越這樣的行為模式，來找到「為人服務」的意義。

當秀娟找到那顆為他人服務的真心時，她才能放下那份令自己感到卑微的「討好」舉動，決定哪些是自己真正想為別人付出之處。

5 中國古代著名思想家，生活於戰國末期。

### 面對「僕人」的原型陰影，可以怎麼做？

想一想，你的「僕人」式的行動，是一種服務的心情？還是一種討好的態度？

如果是後者，你能否思考這種討好式的行為是從何而來的？倘若不再採用「討好」的態度，你的生活會有什麼改變？

如果「服務」或「討好」對你而言很重要，你可否學著每天做一件服務自己的事情？

## 戰士原型（Warrior）——什麼困難的事物都難不倒我！

**光明面：**遇到困難不退縮，能為自己與他人爭取權利。

**陰影面：**因為對「戰勝」的執著，而使用蠻力或犧牲道德。

「戰士」原型，代表的是願意與困難奮戰、願意為自己爭取權利的行為模式：當受人侵犯時，戰士會啟動防禦；當有所目標時，戰士也會主動出擊。這樣的原型特質在我們身上產生作用時，我們往往會勇敢地接受挑戰性較高的事物，並且去享受那個解決難題的過程。

然而，身為一名戰士，可能在心理上會因為想要獲得勝利而產生執著。特別在年輕時，一個剛萌芽的戰士原型可能會令我們拿捏不了分寸，變成一種逞凶鬥狠的展現。倘若這種「戰士」原型的陰影層面繼續發展下去，可能還會變成一種「野蠻」，想要以自己的蠻力來制服他人，或者為了得到勝利而犧牲某些道德原則，甚至失去對人的惻隱之心。

來看看下面兩個例子。

勇達是個做事非常積極的人，他是展演科系出身，也是某樂團的首席人物。每當指導老師問樂團成員：「現在有個某某活動，大家要不要接啊？」勇達永遠都是最快舉手表示同意的那位，並且眉飛色舞地帶起團隊的士氣，彷彿大家都準備好了，要披上戰袍到外頭去掃蕩敵人。當然，指導老師相當欣賞他。

只是有幾次，勇達同時間為大家接了好多場展演活動，樂團裡開始出現了某些雜音，反對這麼頻繁地在外演出。勇達忍不住回說：「怕什麼？你們怎麼變得這麼膽小？」

勇達沒有發現，不是別人變得膽小，而是他已經太執著在高難度挑戰的好勝心當中，使他聽不到戰友們的心聲了。

上班族文佑也有類似的行為傾向，他是一家公司的業務，需要到外頭和廠商接洽廣告業務。這間公司的業務人員是領個人獎金的，等到廣告拉進來執行後，則還有團隊獎金，所以文佑的業績其實也牽動著其他人的經濟生計。於是文佑就像一個保家衛國的戰士，到外地去開疆闢土，為同胞們爭取更好的環境和資源。

沒想到，自從文佑上任後，團隊的離職率就開始變高。一問原因，才發現大家覺得文佑太過積極了，增添了許多他們無法負荷的工作量。

「那你們要說啊！」文佑抗議。

其實同事們心裡的真心話是：說了，文佑不但聽不進去，還可能反過來責備他們。

「我哪有？」文佑又抗議。

有啊！就是這種強勢的態度，讓人不容拒絕。

「我是為大家好。」文佑說。

為大家好的事情，不是要大家都覺得好才行嗎？

一個成熟的「戰士」原型，行動者本身的行為是會讓人感到認同的，如此得來的勝利與成功也才會受人祝福。畢竟成熟的「戰士」原型的展現，是相信「以德服人」，更甚於「以力服人」。

### 面對「戰士」的原型陰影，可以怎麼做？

檢視一下，自己的「戰士」原型如何在團體生活中運作？假設你身邊有一個像你這樣的人，你如何看待他？你希望他的行為可以有什麼樣的調整？

問一問自己，想要的東西會不會太多？有沒有那種「想要趕快贏得全世界」的心情？如果有的話，再問一問自己：為何我會這麼著急？

## 運動家原型（Athlete）——再努力一點，榮耀就在那裡！

**光明面：**超越身體和心靈上的限制，釋放內在精神能量。

**陰影面：**為了保全超越自我的榮譽感，而使用自我欺瞞的詐術。

所謂的「運動家」，就是那些在運動場上突破體能極限的人；而「運動家」原型，指的便是我們內在亟欲超越自我限制（包括身體上的缺陷，以及其他體能、甚至心靈上的限制）所促發的行動，藉此釋放我們內在的精神力量。

「運動家」一向講求運動精神，所以當「運動家」原型被啟動時，我們內在也可能產生強烈的道德觀念，將「榮譽感」視為行為上相當重要的指標，對於不符操守的舉動感到鄙視，也無法容忍自己用不正當的手段來爭取勝利。

然而，當「榮譽感」變成一種執著時，我們也可能為了保全自我的榮譽（其實就是「面子」）而使用詐術，此時便可能落入「運動家」原型的陰影面，對所獲得的榮譽有不踏實的感覺，使得心靈承擔極大的精神壓力。

從心理學上來說，「運動家」原型會促使我們產生一些積極的行動，來超越心裡的自卑感，也會讓我們衡量自己的付出是否配得上實際獲得的榮耀。

在個體心理學大師阿德勒（Alfred Adler）身上，我們也可以看到「運動家」原型的特質。阿德勒從小體弱多病，是名佝僂症患者，嚴重的駝背讓他行動不便，無法像一般小朋友一樣跑跳自如，讓他覺得自己比不上哥哥和鄰居朋友，心理上相當自卑。阿德勒的早年經驗中，有幾次瀕臨死亡的經驗，除了歷經弟弟過世，五歲那年還發燒得了肺炎，等他痊癒後，就決定將來要當一名醫生。阿德勒曾經說，童年時那個虛弱的自己讓他感到憤怒，才在他心中點燃向上的力量，要去超越自己天生的不足。

阿德勒寫的《自卑與超越》[6] 這本書，是心理學領域中的經典著作；更因為阿德勒具有突破性的論點，讓日本哲學家岸見一郎寫出了影響華人圈甚廣的書籍《被討厭的勇氣》[7]。

「運動家」原型的陰影有兩個層次，一是因為太想要超越自我，而忽略了自己的體能或心智其實已經不堪負荷。這種現象常常出現在許多男性朋友身上。有些男人即使感到身體有點不舒服，但因為擔憂去做檢查後會發現什麼毛病而無法繼續工作，寧可靠意志力撐下去，所以當身體再出現警訊時，可能已經是難以挽救的過勞狀態。女性朋友身上也會有這樣的「運動家」原型陰影，並且時常發生在不愉快的婚姻上，明明已經是不幸福的婚姻，卻相信自己只要再撐到小孩長大，或許情況就會有所改變。

「運動家」原型陰影的另一個層次，則是對人生的汙點難以忍受、覺得羞愧，所以會產生某些行動來掩蓋不名譽的感受和記憶。我們來看看下面的例子。

明仁是個有性功能障礙的男人，非常困擾於自己明明對老婆有愛、卻總是無法順利和她行房，所以他總是會做許多補償老婆的行為，比如送玫瑰花、親手下廚等等，但明仁始終覺得，

6 阿弗雷德．阿德勒（Alfred Adler），《自卑與超越》（*What Life Should Mean To You*）（黃光國譯，臺北：志文，二〇〇〇）。原著出版於一九三一年。

7 岸見一郎、古賀史健，《被討厭的勇氣：自我啟發之父「阿德勒」的教導》（葉小燕譯，臺北：究竟，二〇一四）。原著出版於二〇一三年。

老婆對這樣的他是感到不滿意的。

明仁回憶自己發生性功能障礙的歷史，發現青春時期的戀愛關係明明都好得很，完全沒有這方面的困擾，直到明仁與一位篤信基督教的女朋友交往，需要遵守「不能發生婚前性行為」的守則。

剛交往時，明仁對自己非常有信心，他告訴女友，絕對不會在婚前做出侵犯她的事情；確實，明仁也非常謹守和女友之間的最後那一把尺，不論兩人的感情多麼親密，他總是嚴格地把持自己。然而，某一年明仁過生日，女友幫他慶生，兩個人在宿舍裡酒喝多了，終於不小心跨越那條禁忌的界限。酒醒後，女友傷心欲絕，雖然沒有人怪罪彼此，但兩人心中都懷著高度的愧疚感，怨恨沒能管好自己。最後，原本相愛的兩人走向了分手。對於「性」的衝動感染上了自責與悔恨，也在日後轉變成明仁身體（性功能）上的阻礙。

換句話說，當明仁和現任老婆結婚後，他不知不覺地啟動了「運動家」原型，去抑制自己在性方面的身體衝動（是的，這也在突破自我的極限），以守護以往曾經失去的榮譽心。

這就是「大腦」和「心」無法相連在一起的結果。明明大腦裡想著的是現今的這段關係，心靈卻還是沒能把過去的陰影給清理出去。在「運動家」原型的行動中，我們總要問自己為了什麼而堅持努力？

### 面對「運動家」的原型陰影，可以怎麼做？

訂定自己的「運動家」原型支持方案。比方說：

在肚子餓時，可以覺察到自己的飢餓，並且給予進食。

在身體疲累時，願意給自己一些睡眠或休息。

保持運動和良好飲食的習慣。

找出一個狀況不好時，可以照顧自己的方法（例如按摩）。

## 變形者原型（Shape-Shifter）——我要讓你們每個人都喜歡我！

**光明面：**激動有彈性的生命模式，能隨情境採取與之相稱的行動。

**陰影面：**缺乏自我價值的相信而過分變化，導致脫離自己原本的模樣。

「變形者」原型，就像一個機動有彈性的生命模式，能夠隨著不同環境、情境的需要，而採取與之相稱的行動。當然，這樣的行為模式，能令我們展現出為人處事較為圓融的那一面，也代表我們有能力去看到人事物的本質和需要，因為「看懂了才能去變化（調整）自己」，對我們的工作和生活帶來某些程度的好處。

然而，「變形者」原型所促發的行為，也可能讓我們有感到辛苦的地方。比方說，為了利益、為了生存，或是某些其他的理由，我們可能變化無常地把自己塑造成「環境所需要的樣子」，而不是「真的自己所想呈現」的模樣。此時的「變形者」原型就會轉向陰影那一面，造成我們心理上的負擔與痛苦。

一個常見的例子是進入青春期的國、高中生，他們在心理發展上正面臨困惑於「我是誰」，以及尋求自我認同的階段，於是常常為了要融入同儕，而讓自己必須跟得上時下流行的趨勢。

女高中生慧玲就有這樣的困擾。她是個較內向、不太會與人交朋友的女孩，所以每當有同學願意主動和她說話，她就本能地想要與他們更靠近，她總是努力地去打探他們的喜好，然後變換自己的模樣，來測試哪種狀態會比較討人喜歡。對她來說，「變成同學喜歡的樣子」可能比「讓同學喜歡真正的我」更加容易。

很多人在談戀愛時也有同樣的傾向。比如一心想結婚的芳瑤，當她和A男交往時，就表現出A男喜歡的賢妻良母樣；和B男交往時，則變成青春玉女；當C男出現時，她又變成他最想駕馭的野放型女孩……，一輪戀愛談下來，芳瑤幾乎都要忘了自己到底是誰了。

當然，職場上也有不少這種人，因為太恐懼於老闆的權威，或者太想要討老闆的歡心，便總是逢迎其喜好，強迫自己去涉獵那些其實沒有太大興趣的事物，或說出那些不像自己嘴巴會說出來的話。回過頭來，由於太把焦點關注在別人身上，工作變成只是在無止盡地耗費能量而已，心理上感到十分疲憊。

所以說，一個健康的「變形者」原型，對於每一分改變的背後，都會有其原因和為何必須這麼做的評估。當清楚自己為何而變化時，就像內在有一根穩定的軸心，雖然周圍的世界好似在旋轉變動，「我」仍是穩穩地在那裡，從環境的變動中淬鍊出能夠真正適應世界的彈性。

**面對「變形者」的原型陰影，可以怎麼做？**

我們都有權利改變自己的模樣，也有權利在不同的人面前表現出不同的樣貌。當你發現自己身上發生「變形者」原型的行為表現時，問一問自己：你是不是真的想要這麼做？你是以這樣的改變為樂，還是每次改變都令你感到疲累？

你不一定需要調整自己的行為，但可以調整自己的心態：我可以做一個百變的、不一樣的我，但我沒辦法控制別人對於這樣的我是否感到喜歡。

如果調整心態對目前的你而言是困難的，可以先找到一個自己真心喜歡的模樣，認真地先朝這個方向去形塑自己。

## 尋道者原型（Seeker）——再給我一點時間！

**光明面：**對新事物、新體驗感到好奇且付諸行動。

**陰影面：**追求一時快感而非真實的滿足，而不斷飄泊流浪。

「尋道者」的原型，是一種要探索自己從何而來、未來又要往哪裡去的行為動力，推動我們四處追求生命的價值和意義所在。

當你看到一個小孩問他的父母說：「媽媽，我是怎麼來的？」就可以看到那個曾經在我們身上一點一滴萌芽的「尋道者」原型的身影。因為周圍所有的新知都讓內在的「尋道者」感到驚奇，所以我們不斷渴望去尋求新的事物、新的體驗，從中慢慢地拼湊與了解自己。

然而，不斷追尋事物的後果是什麼呢？這就好像我們不斷地轉系、不斷地換工作，甚至不斷地更換伴侶……，這些行為都反映了「尋道者」原型的陰影層面：無法安定的浮動感。因為在行動中始終找不到一份讓自己安定的力量，所以「追尋」就逐漸轉變成「流浪」，好像只是在尋找一種「新的快感」，而不是在尋找那些讓自己感到真正滿足的事物。

在「尋道者」的陰影面，我們非但無法從新的旅程和經驗中更了解自己，反而好像離內在的自己越來越遠，變成一種孤單的漂泊。來看看下面的例子。

當年，王太太答應王先生的求婚時，就是欣賞王先生身上所散發出來的追求事物的熱情。王太太在一個傳統家庭長大，爸媽從小對她的要求，就是好好念書並安分守己；在一成不變的生活中，王太太總覺得好像少了點什麼，每天上學、下課，日子就像白開水般索然無味。直到遇見王先生，她才知道原來人可以活得這麼精彩：他帶她上山下海，去看各種她從未見過的新事物；他帶她去高空彈跳，讓她明白人可以這樣突破內心的恐懼。

所以當他問她，願不願意和他結婚時，她二話不說就答應了。但她的父母卻始終反對：「他居無定所，工作也不穩定，這樣的人不值得託付終生。」

「他只是還沒找到能夠實現他理想的方向。」王太太捍衛自己的愛人，不顧反對地和他結婚了。

只是，一直到王太太懷了第一個寶寶，王先生還在不斷嘗試新事物、還在不停地尋找，她也開始有點緊張了。

「老婆，我想要去試試當臨時演員。」王先生說。

「可是，我們都要有小孩了，你原本的工作待遇還不錯，真的要這樣就放棄嗎？」王太太心裡浮現了當年父母不斷提醒她的「不穩定感」。

「那個工作雖然待遇不錯，可是真的很無聊，跟我的個性很不搭。」

「可是，你不能只想到你自己，你都要當爸爸了。」

「要當爸爸了，我還是我啊！妳不就喜歡這樣的我嗎？」

「可是，我真的已經受夠了。」

原本讓王太太欣賞的特質，突然讓她感到難以忍受。夫妻倆大吵了一架，王先生搬出去追求他的夢想，王太太留在家裡生小孩；王先生埋怨原來多年來老婆沒有真正懂得自己，王太太感嘆自己多年愛著的老公只是一個自私的男人。

「我們早就告訴過妳了。」搬回娘家後，她的爸媽這麼說。

王太太始終不明白，自己的婚姻究竟出了什麼錯？

其實，「尋道者」原型之所以讓我們成為一個「尋道者」，在於每一次尋道的歷程，都讓我們更清楚那個「道」是什麼。也就是說，一個健康的「尋道者」原型，每隔一段時間都會回過頭來檢視自己的目標，和自我的內心世界，然後透過所有外在的行動來凝聚內在的信念，使自己成為一個有方向、有目標的人。

只有尋道的「行為」而無法凝聚尋道的「信念」時，我們也可能在「求取新知」和「漂泊」之間懷疑自己，此時，別人質疑的眼光就會擾動我們的內心，我們無法好好地去解釋清楚，而只能生氣，或逃離那些質疑。

所以說，王先生和王太太的問題，不見得是他們不懂得彼此，而是他們還未曾好好地去懂得自己。

### 面對「尋道者」的原型陰影，可以怎麼做？

檢視一下自己過去的「尋道」生活。你的人生是越走越肯定？還是越走越迷惘？

問一問自己：如果這世界上就是不存在一個我想要的完美生活，那麼，我可以接受的生活是什麼？

基本上我們畏懼自己，因此寧願去找他人而不是自己。
但外在世界其實充滿可怕與難以理解的事物。但願這種恐懼變大，大到讓人將眼睛轉向內在，以致不再想從他人身上尋找自我，而是從自己當中尋找。

**榮格．《紅書》**

# 自我覺察活動・書寫練習

## 活動1：尋找內在小孩——「心理位移」[8]日記書寫法

請找個令你放鬆的地方坐下來，閉上眼睛，將注意力放在你的呼吸上，可使用「腹式呼吸法」慢慢地呼吸。吸氣時，感覺空氣經過你的鼻腔進到你的腹部，腹部因為空氣的帶入而逐漸向上起伏；吐氣時，感覺到空氣離開你的身體，腹部因為空氣的消散而逐漸向下沉……。慢慢地吸氣，輕輕地吐氣，直到感覺自己的身體逐漸平靜下來為止。

接下來請你回想，這一週以來，在你身邊所發生的大大小小事情，有沒有令你印象深

8 此概念出自於金樹人，《心理位移辯證效果之敘事分析》（行政院國家科學委員會專題研究成果報告，編號：NSC93-2413-H-003-001，二〇〇五）。

刻，而且一想起來就覺得有點情緒激動的？如果有的話，請你回想一下那件事情的始末，當時和誰在一起？發生了什麼？對方說了什麼？你的反應是什麼？最後的結局又是什麼？

如果沒辦法想到的話，請你往更早以前的一週去回想，或者再更早以前，這一個月發生過什麼？這三個月發生過什麼？這半年發生過什麼？請記住一件令你印象深刻的、讓你感覺到情緒（強烈或有點）沸騰的經驗，盡可能地回想一遍。

當想好這次的經驗後，請你張開眼睛，將這件事情記錄下來。

記錄的方法是這樣的：

首先，請用寫日記的方式，以「我」開頭，寫下「我今天……」（或「我那天……」），把那件你所想到的事情描述出來。

當以「我」開頭寫完這件事情後，請再以「你」開頭，重新書寫同一件事情。請不用多問「你」指的是誰，只需要以「你今天……」（或「你那天……」）開頭，讓記憶自然流動就可以了。請記得，要重新寫一次日記，而不是回去照抄前面相同的內容。

最後，當以「你」重新寫完這件事情後，請再以「他」開頭，再次書寫相同的一件事情。方法如上，以「他今天……」（或「他那天……」）開頭，不需要問「他」是指誰，只要自然下筆，讓記憶流暢地進行下去就可以了。

分別以「我」、「你」、「他」寫完同一件令你感受到情緒張力的事情後，請你重新回到「我」立場、「你」立場，及「他」立場寫的日記內容閱讀一遍。看完之後，請寫下你覺得自己在這件事情當中，真正在意的部分是什麼？請盡量用一句話或一段話來形容，你所在意的、令你情緒不舒服的點。

請用你所寫下來的、令你情緒不舒服的點，回頭去對照五個「小孩原型」的模樣，並且辨認出，是哪一個內在小孩原型讓你在事件中感到不舒服？如果你覺得要兩個以上的小孩原型才能描述你的在意，也無妨。

當你找出在這次事件中影響你的「小孩原型」後，請進一步回想，其他令你情緒不舒服的事件，是否也是因為這個「小孩原型」所造成的？

當你找出自己心裡最常見的「小孩原型」後，請把他記下來。你也可以另外參考我們提供的原型圖卡，修正或畫出自己心裡的小孩原型模樣。

這是在為自己的心靈拍照。請記得，之後要關心並好好對待他。

範例請見下頁。

「我」

上一週，我們進行了專案提案的票選，自以為準備得非常充分，比其他組寫得都要好的我的專案，卻沒有被選上。二十組之中選八組，明明有些什麼都沒說清楚，異常混亂的內容都被選上了，所以我實在不明白大家是依什麼樣的標準來選擇的。這實在令我異常氣憤，雖然我當然可以把喜歡我的專案的人集合起來自己執行，但我著實嚥不下這口氣。想著在此之後，每一次會議上他們報告自己的進展，就會提醒我的專案就是輸給了這樣的垃圾，都會令我屈辱不已。我想趕緊靠自己把這個案子執行出成果來。

「你」

你為什麼不願意支持我呢？我不明白。我盡心盡力做一個為你們幫忙，可以付出許多的人，但在難得碰上自己看重、需要支持的時候，得到的援手卻寥寥無幾。那請告訴我，他們的提案比我的好在哪裡吧，可以告訴我嗎？我把我心中的一部分情感，我的想法中最傑出的部分都放在裡面了，為什麼不願意看看呢？

請看看我吧。

「他」

他、她、它，TA、TA、TA、TA、TA，另外的人，不屬於我的人，我之外的他人，站在我的圈之外觀看或背過身去的人。當我拋出話語，映射在他們心中的景像是什麼呢？當我的嘴唇開合之時，我的臉型與語句在他們眼中與耳中是怎樣的呢？我小心翼翼地丈量著距離，隱晦地道出我的心聲，他們會接收到嗎？我不明白，為何我是一個和別人如此不同的人。

「這事件中我在意的部分」

我厭惡他們。

我想被他們理解。

我厭惡他們。

我需要安慰，我需要擁抱，一個眼神，一句話。

我厭惡他們。……

我發現了我心裡的「孤單小孩」。

## 活動2：記錄你的「行動之圓」

理解每一個代表「行動」的原型後，請重頭檢視各個原型，然後挑選出你覺得與自己有那麼幾分相像的原型，把他們記錄到「行動之圓」中。

如左頁圖，請先畫出一個圓，然後任意地標記下你身上帶有的原型特質，與你越相似的行動原型，請將他寫在靠近圓心的地方；相似度越低的行動原型，則越往圓的外圍。當你完成後，請在你的「行動之圓」旁邊，用幾句話或幾個詞來形容：如果旁邊的人看到這樣的你，他們會怎麼形容你呢？

最後，請你再回去看看你的內在小孩，你覺得這樣的你，是因為心裡缺少了什麼？又是透過行動在爭取些什麼呢？

範例請見左頁。

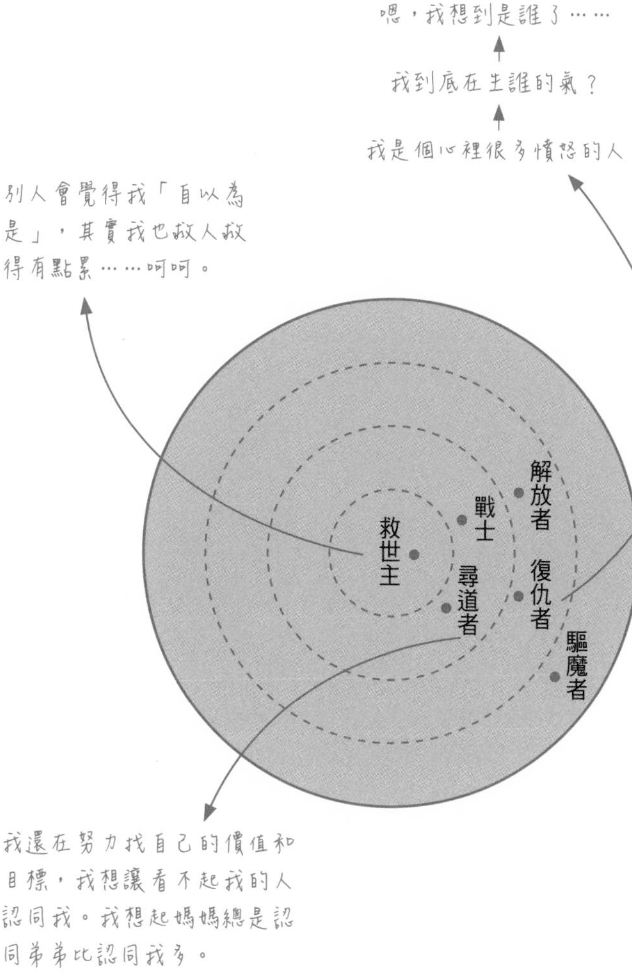
嗯，我想到是誰了……
我到底在生誰的氣？
我是個心裡很多憤怒的人
別人會覺得我「自以為是」，其實我也救人救得有點累……呵呵。
解放者
戰士
救世主
尋道者
復仇者
驅魔者
我還在努力找自己的價值和目標，我想讓看不起我的人認同我。我想起媽媽總是認同弟弟比認同我多。

第 5 章

# 那些渴望的背後，可能藏著不安

## ——恐懼和「欲望」的原型

# 欲望共通原型

## 小丑原型（Clown）——我不會讓你們看見真正的我！

光明面：一種適應環境的能力，面臨各種人生處境都能保有自己的原則。

陰影面：一種為了在現實環境中生存，被迫放棄精神完整性的恐懼。

早年，「小丑」是許多喜劇和馬戲團中會出現的角色，他們表演時常常穿著奇裝異服，臉上用誇張的顏色進行塗抹，藉由自身出糗，以及被欺負、羞辱來娛樂觀眾。在許多文化中，「小丑」都不是一種友善的形容，比方說，當我們稱一個人為「跳梁小丑」，往往是嘲笑他愛作秀、缺乏實質內涵的意思。

因此，「小丑」的原型也帶有透過「裝扮（偽裝）」來博人注意，以獲取金錢、物質等好處，來滿足自我欲望的意味；是我們為了在現實環境中生存，而放棄精神或肉體自主性與完整性的象徵。

九〇年代之後，馬戲團減少，「小丑」這個角色逐漸融入漫畫和電影中，變成充滿欲望的邪惡角色。比方說，英國作家艾倫．摩爾（Alan Moore）的漫畫《蝙蝠俠》裡頭，就有一個原本是喜劇演員的「小丑」，但他的表演始終無法令他賺取太多錢，所以當他的太太懷孕後，他便鋌而走險，協助黑幫行竊。沒想到小丑在執行任務時發生意外毀壞了容貌，同時間他被通知太太和未出生的孩子在意外中過世，雙重打擊下，小丑終於變身為超級大反派。

美國知名小說家史蒂芬．金（Stephen King）的著作《IT》（後來翻拍成電影《牠》）中，也有一位邪惡的恐怖小丑潘尼懷斯。這個來自異質空間的生物，專門以食用人類的「害怕」維生，「牠」會變幻成各種模樣，來吸取人們內心的恐懼，玩弄並殺害他們。在電影《牠》裡頭，最後趕走潘尼懷斯的是一群內心真誠的孩子，他們倚靠「面對內心的恐懼」趕跑了這個異次元空間的大怪物。

所以說，「小丑」原型既象徵我們內在「欲望」的那一面，也是我們所「恐懼」的主題代表。「小丑」原型的浮現，往往提醒我們要去面對藏在心靈深處的、尚未覺察的自己。

我們再從心理層面來拆解「小丑」原型的特徵，以及對生活的影響：

第一，「小丑」往往帶著面具或大濃妝。這象徵我們在適應社會的過程中，會不知不覺地將自己偽裝和保護起來，才敢去面對現實生活、經濟和物質壓力的考驗。

第二，「小丑」的面具下，往往藏著不為人知的情感。可能是傷心、委屈、害怕、無可奈何，也可能是恐怖、充滿仇恨的……，然而當大濃妝和面具在臉上掛久了，有時便很難拔下來。

所以說，「小丑」這個心理原型，代表每個人內心為了在現實環境中活下去，而必須向物質、權力，以及自己和他人欲望低頭的那一面。「小丑」原型的光明面，是一種嘗試要去適應生活的能力；「小丑」原型的陰影面，則是一種失去自我完整性的害怕。

比如下面幾個狀況：

展裕非常不喜歡公司的某位主管，可是每當有人提到這位主管時，展裕就會不自覺地去誇獎主管，甚至當他實際遇到這位主管時，還會顯得特別熱絡。展裕為這樣的自己感到噁心，實在太虛偽了！

沛恩非常清楚自己未來想要當一個藝術家，但父母希望她進入第一志願的大學，所以當她選填志願時，她變得非常猶豫，自己究竟該填上所有學校的藝術科系？還是填入第一志願校的所有科系？母親的一句「以後如果你找不到工作，你要自己負責」讓沛恩放棄了自己的想法，最後進入一個令她絲毫不感興趣的科系。

「小丑」原型本身具有一種幫助我們適應環境、融入社會的功能，但他的陰影面則使我們放棄內在的某些理想和原則，久而久之，便讓我們得過且過，遺忘自己的初衷與目標。

當發現自己陷入「小丑」的陰影時，一種不快樂的、身不由己的感覺會跟著浮現出來，此時，這個原型的存在就有相當重要的意義：透過這種身不由己的感覺，我們才能去覺察自己真正在意的原則是什麼？並且去尋找一條能夠兼顧內在完整與外在現實的道路。

## 面對「小丑」的原型陰影，可以怎麼做？

想一想，如果你戴著一個隱形的面具，這個面具外的你是個什麼樣的你？臉上掛著什麼樣的表情？用什麼樣的方式在和別人應對？

再想一想，這個面具可以為你隔開來自外界的什麼？面具下的你又是什麼樣的感受？

最後想一想，當你獨處或與親密的人在一起時，這個面具你仍然戴著嗎？有沒有什麼時候這個面具會鬆脫？鬆脫面具後的你感覺是什麼？

如果每個人本來就都需要一個「面具」，才能好好在社會上過生活，你希望你的面具是個什麼樣的存在？

# 欲望潛在原型

「情緒陰影」的最後一種展現方式，是以對於特定主題的欲望和恐懼感來影響我們的生活。比方說，「想要討人喜歡」的欲望背後，是「害怕自己不受人喜歡」。換句話說，我們對現實世界或物質環境所展現出的渴求，背後可能隱藏著我們還未覺察的害怕與恐懼。

接下來，我們便要談談延伸自「小丑」意象的十二個潛在原型。原來每個人的內在，都有不同於自己外在所展現出的那一面，這是因為在成長過程中，我們逐漸學習到如何將自己在物質、現實、權力上的渴望，轉化成另一種更能被社會接納的模樣。

也就是說，現今我們所展現出來的樣貌，可能只是我們希望社會大眾看到的模樣，而不見得是我們心底真正的模樣；有些面向的我們可能早已經被自己給遺忘了，有些面向可能是我們明明覺察得到、卻不願面對的真相。

從下列的十二個原型，就可以試著去理解，那些藏在我們內心深處、值得我們去覺察與面對的核心議題。

## 富翁原型（Rich）——我不想當個貪婪、小氣的人！

**光明面：**能主動創造事物的價值，感覺身心上的滿足。
**陰影面：**想要的很多，卻覺得擁有很少，因而吝於與他人分享。

「富翁」的光明面是樂善好施的模樣，陰影面則是為富不仁和貪婪小氣的恐懼感。這個原型的核心議題在於：我們能否在各種情境下，都可以找到心靈上的「滿足感」。

有一個故事是這樣的：一位快樂的鞋匠，隔壁住了一位不快樂的富人。鞋匠非常貧窮，卻開心地每天唱歌；富人非常有錢，卻焦慮地每天只會數錢。

富人被鞋匠的歌聲吵得心煩意亂，於是拿一大筆錢給鞋匠，請他不要再唱歌了。這下鞋匠也成了一位富人，但他看著那麼一大袋金幣，突然不知道要把錢放在哪裡才是安全的？有錢的鞋匠只好一直更換放金幣的地方，心頭卻越來越不安，覺得那些平時總愛跑來聽他唱歌的小孩可能會偷他的錢。

有錢的鞋匠不再唱歌了，跟隔壁的富人一樣，開始焦慮地天天數錢。最後，鞋匠終於受不了這種生活，一口氣把錢還給富人，變回那個貧窮的鞋匠，然而，也是那個每天開心地唱歌的鞋匠。

富人與鞋匠的故事，和「富翁」原型的特質息息相關。從心理層面來看，「富翁」原型象徵的不只是物質上的富足，也包括心靈上的富足；「富翁」原型的啟動，不但讓我們擁有點石成金的才華，也能主動去創造周圍事物的價值，並且讓自己往生命富足的方向發展。在「富翁」這個原型中，我們願意去感受自己的欲望，並因自己擁有的東西而感到滿足；當我們感受到豐富擁有的感覺，對人處事也會顯得寬厚慷慨。

然而，我們也可能不知不覺地落入「富翁」原型的陰影：我們可能想要的（欲望）很多，但卻常常沒辦法說出自己擁有些什麼。「想要很多，擁有卻很少」的感覺，讓我們更害怕失去，於是內在浮現出要把僅剩的東西緊抓在手裡的恐慌感，就如同一個守財奴般，總是想要鞏固自己的財產。就像「富人與鞋匠」故事裡的有錢人，擁有再多金幣，也填滿不了無法享受生活的空虛感。

來看看下面幾個狀況：

孜瑩最近買了兩條同款式、不同顏色的圍巾，她的室友鈺貞看到了，對圍巾讚不絕口：「哇噻，真的好美噢！這是在哪裡買的？要去哪裡才買得到呢？」

孜瑩感覺到鈺貞對圍巾的喜愛，左摸右揉的，一點都沒有想把圍巾放下的模樣，於是孜瑩隨口對鈺貞說：「不然我送妳一條好了。」這句話肯定是孜瑩的違心之論，但她料想應該不會有人真敢無故收受這樣東西。

沒想到，這個鈺貞倒是爽快，聽孜瑩說要將圍巾送給她，她便喜出望外地接口說：「真的嗎？妳人真是太好了！那我可以要這個顏色嗎？」鈺貞一指，就指向孜瑩也偏愛的那個顏色。然而事已至此，孜瑩有種騎虎難下的感覺，內心非常不捨，卻還是答應了鈺貞的要求。

鈺貞開心地拿走了孜瑩喜愛的圍巾，留下心情懊惱的孜瑩。

雨甄是個非常努力上進的人，從高中開始，她就去打工兼家教，加上父母給她的一點零用錢，讓她在同儕中的經濟狀況顯得十分優渥。但是雨甄有個奇怪的毛病，她常常把每個月才剛拿到手的薪水，莫名其妙地就花掉了。

比方說，雨甄想要自己當家教時看起來是稱頭的，就把所賺的錢都拿去買衣服。有趣的是，那些明明在店裡穿起來不錯的衣服，一被她拿回家後就變得異常遜色，不是比例不對，就是穿起來顯胖，所以雨甄的衣櫥裡掛了許多全新未拆封的服飾和配件，而她每次穿去當家教的，還是那幾件她自己看來非常寒酸的舊衣服。

大大小小的經驗相加起來，雨甄明明可以過得生活優渥，但她卻過著赤貧生活。偶爾經過櫥窗，看到一雙真正喜愛不已的鞋子，她卻捨不得買，因為她的錢早花在其他無謂的地方了。漸漸地，雨甄變成一個對自己十分吝嗇的有錢人，因為衝動而花掉的錢，使她心裡十分空虛，更買不起她真正想買的、享受不了她真正想要的東西。

我們之所以無法當得成一個內心滿足的「富翁」，往往是因為從小就養成了一種習慣：為了想要獲得他人獎賞（外在動機）才去做某些事情。於是我們沒辦法判斷，哪些是我們真心想做的事？並且在完成那些事情以後，好好地犒賞自己。即便在別人看來，我們已經擁有許多，但我們始終沒有給自己相對的酬賞。

一名真正的「富翁」，是能在辛苦工作後，好好地為自己準備一份讚賞與酬勞，並且開開心心地享用它。然而對很多現實中的「富翁」來說，給自己真心想要的東西，還真不是件容易的事。

## 面對「富翁」的原型陰影，可以怎麼做？

回想你的人生當中，覺得最舒服、最放鬆、最被撫慰、最心滿意足的那一刻，那時候的你做了什麼？或者你周圍的人為你做了什麼？

檢視一下，現今的生活中，你是否還記得為自己這麼做？或者你能否為自己做一件從前你一直希望別人為你做的事情？

找一件你一直很想做的事情去嘗試，並且記錄下這個歷程。

## 乞丐原型（Beggar）——我不想當個無能的人！

**光明面：**克服內在無能為力的那一面，朝向自我的獨立發展。

**陰影面：**想要依賴別人，又不自覺地評判別人對待我們的方式。

「乞丐」的光明面是同理與感恩他人的付出，陰影面則是總要依賴別人的無力感。這個原型的核心議題，在於我們能否從依賴別人的「無能感」中掙脫出來，朝向內在獨立自我的提升。

當我們處在人生境遇的低潮時，心中總會浮現一份鼓勵自己向上的幻想。馬克・吐溫（Mark Twain）的《乞丐王子》就是一個這樣的故事：

一個出生在貧窮家庭，穿著破破爛爛、拾人剩菜剩飯的乞丐小孩，最喜歡和同伴玩「國王遊戲」，幻想著自己有一天能成為那美麗宮殿的主人；實際出生在宮廷裡的那位王子，卻常常看著外面的天空，羨慕可以在泥巴堆裡打滾的小孩。

某天，乞丐小孩因為太渴望親近宮殿了，冒險地跑到王宮附近，沒想到因緣際會遇上了真正的王子，而且兩人的臉孔還長得一模一樣。乞丐和王子本來就羨慕對方的生活，於是兩人交換衣服，也交換了身分。乞丐成了王子，被抓進王宮去學習如何當個好國王；王子成了乞丐，一回到家就被爸爸抓去一頓毒打。

故事的結局是：王子在成為乞丐的經驗中，體會到人民疾苦，從不可一世的態度變成一個充滿同理心的人；乞丐小孩原本無法適應王宮生活，卻也逐漸墜入對於虛榮的迷戀中無可自拔，而不想把這種生活還給真正的王子。最後，在乞丐假扮的王子正打算前往接受加冕成為國王時，遇上他的親生母親前來喚回自己的小孩，但乞丐王子對母親的呼喊予以否認，卻也為此感到良心不安，終於決定從虛榮的苦惱中解脫出來，回到自己原本的乞丐身分。

王子因著乞丐生活的經歷，才成為一位能體察「現實」的國王；乞丐因著王宮生活的體驗，也才打破內心虛榮的欲望，成為一個更像自己的「人」。

所以說，「乞丐」原型的心理意涵，也象徵我們在現實生活中所面臨的挑戰，感受到內心那些不滿足的、缺陷的、無能為力的、需要仰賴他人的那一面。也因為這種生活困境的存在，我們最終學習到同理各種不同處境的立場，成為一個更能尊重別人的人。當人生困境發生時，「乞丐」原型的啟動，讓我們願意去體會別人的好處，去理解自身缺陷對我們人生的意義，最終所導向的是內在獨立自我的發展，並且可以與別人保持一個和諧的關係。

當然，倘若我們時常陷落於糾葛的人際關係中，便可能落入「乞丐」原型的陰影：不斷想要去評判別人對待我們的方式，或者以依賴他人的方法來解決自己的缺失和問題，並且在長久依賴的習慣中失去努力向上的動力，而深深感覺到一種無能的沮喪感。

來看看下面的例子。

瓊樺是個年輕媽媽，孩子出生才剛滿月，她就為了要不要將孩子送去保姆那兒和家人起了爭執。瓊樺的婆婆想幫忙帶這個小孫子，認為與其送去給外面的保姆帶，自己顧還是比較放心。瓊樺拗不過婆婆和丈夫，為了回去職場工作，只好約定上班的白天先把孩子託給婆婆，晚上及假日則帶回來自己照顧。

可是恢復上班後，瓊樺工作非常忙碌，每當需要加班時，她就得打電話告訴婆婆要晚點才能去接孩子，這讓瓊樺心裡非常不舒服，總覺得自己在麻煩別人，好像婆婆免費幫她帶小孩，她就欠了婆婆什麼。瓊樺常常希望丈夫可以早點回家幫忙，或者直接找保姆比較方便，但丈夫似乎完全不能認同瓊樺的觀點，認為媽媽明明帶得好好的，也沒有抱怨的意思，「自己人有什麼好計較的？」一切都是瓊樺自己想多了。

夫妻倆時常為此起衝突，瓊樺非常埋怨丈夫無法同理自己不想去拜託婆婆的感覺。

從這個例子可以看到，瓊樺心裡有一種害怕依賴別人的恐懼感，這就是「乞丐」原型陰影面的展現。不可諱言地，很多時候「乞丐」原型和我們小時候被養育和被對待的方式有關。

許多父母在孩子還小的時候，不相信他們可以自己辦得到某些事情，或者因為時間的急迫性，常常幫孩子「做掉了」許多事情，比如吃飯、穿襪子，又或者是暑假作業、未來規劃。就像很少使用某些器官，它的功能就會逐漸退化；當父母幫孩子做好了某些事情，孩子在那部分的能力也會逐漸消失。久而久之，孩子現實上雖不匱乏，生活功能上卻成了需要仰賴父母的「乞丐」，並發展出自我受到控制、心理上無法獨立的感覺。

種種過去經驗讓「乞丐」原型藏在我們心底，在某些不為所知的時刻發作，因此我們可能在行為上持續地依賴他人，但心理上卻對自己依賴他人的舉動相當敏感，甚至排斥。

當我們覺察到內在的「乞丐」原型正在發作時，可能忍不住要去埋怨那些總是「佈施」於我們，搞得我們非得依賴他的「施主」。但最終，我們還是得回頭去了解那些施主們的「善意」，不管他們做過多少無謂的佈施，終究不是懷抱一顆惡意的心而行。

即使這世上有些善意是相當愚蠢的，若當我們將重點放在「愚蠢」時，感受到的是怨恨；當我們關注的重點在「善意」，體會到的卻是愛。

即便是愚蠢的愛，都能證明我們活在這個世界上有所價值。

## 面對「乞丐」的原型陰影，可以怎麼做？

想一想，在你日常生活的關係中，有哪些人特別容易引發你心裡那種「好像在拜託他、又覺得自己不該這麼做」的感覺？

請把你想到的每一段關係寫下來，並分析自己分別會出現這種感覺的原因。

整理過後，請用符合現實的角度，以一到十分去標記，每個人你分別可以依賴的程度是多少？

得到越低分的關係，便是你目前需要暫時維持一個界限和距離的關係；得到越高分的關係，則是你需要去學習信任的關係。

## 小偷原型（Thief）——我怕自己被別人取代！

**光明面：**在各種情境下，都能看到自己身上無可取代的特質。
**陰影面：**因為害怕被人取代，轉而剝奪別人。

「小偷」原型的核心議題是害怕被別人剝奪，因而產生想要把自己擁有的東西給拿回來的欲望，確認自己能夠成為不會「被取代」（被偷走）的、獨一無二的自我。

談到「小偷」這個詞，很多人會想到西方的俠盜羅賓漢，或是東方的義賊廖添丁。「小偷」雖然是一種罪惡的形容，但在某些情境中，「小偷」角色又變成一種英雄般的存在。

來看看關於廖添丁的故事：根據記載，廖添丁在一八八三年出生於現今的臺中市清水區，之後北上發展，十八歲開始就陸續犯下多起竊盜案件，包括地方上知名富商的竊盜案。地方傳說廖添丁不畏惡勢、劫富濟貧，得罪了趁勢斂財的保正[1]，保正因而向當權的日本政府羅織他的罪狀，指控他是亂黨，於是廖添丁開始四處躲避日本人的追緝。二十六歲那年，正值臺灣抗日意識高昂，他因偷竊警方的槍枝、彈藥及佩劍受到嚴密追捕，最終遭自己友人給擊斃。

廖添丁過世後，許多民間傳說不斷被描繪出來，加上講古人的傳播，廖添丁幾乎變成家喻戶曉的義賊，被視為抗日英雄一般的存在。然而，若用今日的眼光去看當年所發生的事件，卻也有許多歷史考證毫不留情地指出，廖添丁純粹只是一名社會刑事案的犯案者——也就是小偷、強盜和殺人犯，與抗日情操其實並無太大的關連。

我們無意在此討論廖添丁究竟是抗日英雄還是殺人犯，但值得思考的是：為何當時當地的人民寧願把廖添丁想成是一位抗日英雄，美化他偷竊犯案的那一面呢？

歷史學家解釋，這是因為「抗日英雄」的形象，才符合當時臺灣民間的社會集體記憶。若再用「小偷」原型的陰影面來解釋，可以聯想並理解到，在日據時期的臺灣人民心裡，那種被不同文化人種給佔據、取代、剝奪的心理糾結。廖添丁傳奇無疑提供了一個出口，象徵當時窮困的市井小民，想要把自己被剝削的財富從「富人」（偷走我東西的人）那裡奪回來，以及一個被殖民的族群，想要從外來的入侵者手上拿回自己文化的主權。

換句話說，廖添丁這一角色，反映了「小偷」原型在當時代人民的心中是如何被集體啟動。我們可以透過「小偷」原型的陰影面，去理解那個時空下的心情：關於被剝奪與被取代的害怕，一種匱乏的感覺，讓人無法確定自己有能力滿足心裡的欲望，而當內心的害怕越強烈時，我們也會無意識地渴望去剝奪別人（拿別人的東西）。即使已經逐漸遠離那樣的時代，這樣的陰影

1　根據教育部「臺灣閩南語常用詞辭典」釋義：「保正相當於現今的村、里長。在日治時代，十戶為一甲，十甲為一保，保正為一保的民政事務管理人。」

仍根植在我們心中。

從下面的例子，再來看看「小偷」原型的陰影面如何影響我們的日常生活。

徐蕾平時定期參加某一個學術討論團體，團體中有一位來自香港的留學生，比起其他學員顯得更為積極，每次上課時，講師如果問大家有沒有問題，香港留學生總是毫不猶豫地舉手，從難的問題問到簡單的問題，從大的問題到小的問題⋯⋯。每次留學生問問題的片刻，總讓徐蕾感到不舒服，看著對方比手畫腳、用力說出自己的想法，她心裡就會浮現一股厭惡感。

徐蕾對此感到奇怪，也有點懊惱，她也知道自己和這位留學生並沒有太多接觸，何必起這麼強烈的負面感受？但她就是沒辦法阻止心中那種學習時間被人侵佔了、風頭被侵佔了、老師的關注力也被侵佔了的感覺，所以徐蕾心中一直有一股難以言喻的、想要阻止這位香港留學生發言的衝動。

徐蕾的例子可以讓我們思考，生活經驗會如何強化我們心中「小偷」原型的陰影面？一個重要的方向，是和照顧者對自己孩子與外人的「比較」有關。很多父母以為透過讚賞別人的孩子，可以激發自己小孩的潛力，所以會不自覺地過度誇獎外人，而忽略了孩子在其中的感受，使得孩子覺得，爸媽欣賞外面的人比自己還要多。久而久之，孩子的眼光開始不再往自己內在去看，而忙著關注外面的人表現得好不好，深怕自己跟不上別人，就會失去父母的愛。

所以說，「小偷」原型的存在也是一種提醒，是為了讓我們看見：每個人身上都有一些無法被偷走的能力，要去發掘自己身上無可取代的價值。就像傳說中廖添丁的「行俠仗義」、「不畏強權」、「不屈不撓」，這些屬於個人內在的珍貴能力，是任何人在任何情境下都無法取代或剝奪的，並且還亟待我們從自己內在去好好開發。

## 面對「小偷」的原型陰影，可以怎麼做？

檢視一下，在你日常生活的關係中，有哪些人時常讓你覺得他在佔你便宜？（一個反向思考是：哪些人讓你覺得自己時常在佔他便宜？或者哪些事情是你做了以後，覺得有點良心不安的？）

想一想，這些人做了什麼會讓你出現這種感覺？你覺得他侵佔了你哪些權利？從你身上奪走了什麼？（反向思考：你對他做了什麼，讓你對自己有這種感覺？）

再想一想，如果世界上就是有人虎視眈眈地想要從你身上偷走某些東西，你能不能發現有哪些東西是他絕對偷不走的？如果還沒有的話，你如何創造出這些別人無法偷走的東西？

## 萬人迷原型（Charmer）——我怕自己不討人喜歡！

**光明面：**從別人的關愛中，找到對自己的愛和喜歡。
**陰影面：**透過某些手段來誘惑或壓迫別人，使別人喜歡自己。

「萬人迷」原型所面臨的核心議題，是一種對於「愛與被愛」自信感的挑戰——當我們心裡有多少對自己的不喜歡，就會轉成多少需要別人喜歡我們的渴望。

「萬人迷」的稱號，通常用來形容那些身上洋溢著吸引力和魅力，甚至充滿性感能量和精力的人們；他們可以在不用付出太多的狀況下，就受到眾人的關注與喜愛。因此，「萬人迷」原型象徵著我們最自然的本性中，生來就具備著某些受人喜愛的特質，以及我們內在的無意識中，想要被「每個人」所喜歡的渴望。

然而，在真實的人生中，往往是有多少人喜歡你，就會有多少人討厭你；但很多時候我們不願意接受這個事實，「萬人迷」原型的陰影面就會被啟動，讓我們無意識地想透過金錢、權力和性感來誘惑別人，使他們喜歡上我。即便這種無意識的舉動彷彿是人之常情，背後實則存在了某些「操控」的意味。說穿了，其實就是害怕自己無法在別人不喜歡我的狀況下生存，於是想辦法要去控制那些看起來不喜歡我的人。在這種情況下，我們便特別在意自己的表現，難以忍受自己的失常。

來看看下面兩個例子。

品安是個能力優秀的女性，自己開設了一間工作室，從小案子做起，逐漸把事業發展起來。品安是個不太挑案子的人，不像一些大工作室只接大案子，即便是個人委託，她往往都會盡量協助。長久下來，品安的工作室養出了好口碑，邀約也變得非常多，案子也一次比一次大，品安逐漸感到自己不堪負荷。

日前品安標到一個政府的案子，是和公共建設相關的重要議題，品安傾全力處理案子的相關細節，此時有幾個過去的企業老客戶回來請品安幫忙，品安看行程表上勉強還有一些空檔，客戶又熱情難卻，就答應了。

幾個案子同時進行，品安蠟燭多頭燒，加上官方意見臨時做了修改，讓品安必須延長工時，很快地，品安感覺自己出現耳鳴、頭暈等身體不適的狀況，某天半夜還胃疼得醒過來。要繳交老客戶專案的前幾個晚上，品安失眠了，她發現自己沒辦法在這麼匆促的時間內把案子趕出來；她陷入一種情緒的掙扎，懊悔自己同時接了這麼多工作，不但造成自己的負擔，也可能增添別人的麻煩，但她又不想在身體不適的狀況下勉強自己，影響工作的品質。

品安在床上翻來覆去，明明可以隔天就告訴老客戶這件事，但她仍舊拖到了結案的前一天才告知對方。

告知對方此事時，品安感受到電話另一邊的聲音一沉，她也有種心往下沉的感覺，之後她和這位客戶再也沒有聯絡。

世航是個非常會教課的高中科任老師，他才到學校任教沒幾年，學生們就開始拿他和原本的科任老師做比較，推崇世航的教法實在比其他老師好太多了，因此每學期被他教到的班級，就像中了頭獎一樣，志氣高昂地上課。

面對這樣的狀況，世航雖然嘴上不說，心頭卻是喜滋滋的，他知道父母生給自己一副天生的好口才，那是別人學上十年都學不來的優異天賦。

沒想到，這學期有一位學生在期末的教學回饋單上發出這樣的意見：「老師雖然好笑，但帶給我們的東西似乎有點淺薄，讓人有些失望。」

這段回饋踢爆了世航心底最敏感的那條神經，雖然大部分的教學回饋都是正向的，但為了這段留言，世航變得寢食難安，無時無刻不在想著要把這個匿名填寫的學生給揪出來。他耿耿於懷地對幾個任教班級的學生說了這段話，表達他心中對此有多麼失望，還跟學生說：「說我淺薄？你們知道我是哪裡畢業的嗎？」

時間一天一天過去了，世航始終還在猜測是哪位學生這麼說他。

品安和世航都是陷入「萬人迷」陰影的例子，雖然兩人的行為表現不同，但背後有一個共通點，就是「害怕別人不喜歡自己」。為了排拒這種不被他人喜愛的感覺，有些人會勉強自己來配合別人，有些人會強勢地想要駕馭別人，還有些人會害怕自己不討喜的地方被人發現而盡量遠離別人。

為什麼人有時會如此害怕不受到別人喜愛呢？從心理學的角度來看，因為「愛」是一種關係的連結，也是我們生存的一項必要條件。在生命最初的時候，我們總得透過這種連結（照顧者與嬰兒的關係），才能讓自己活下去，所以某些違反生存的連結是會令我們感到恐懼的（例如：惹別人生氣，讓別人不理我），也會形成我們內在對自己的負面看法。

先來看品安的例子，當她因為忙碌而開始生病時，她第一個關注的不是自己的身體想要對她表達些什麼，而是已經預設這樣的自己會把事情搞砸、惹客戶生氣——這就是一種違反生存的連結。所以去向客戶說明的舉動，對她來說就變得相當困難，才會把事情拖到最後，並且當她覺得自己真的把事情搞砸後，害怕的感覺讓她不再敢面對客戶，而造成自己心中的遺憾。

當沒辦法覺察到自己內心深處的害怕時，我們往往不知道，此時需要先停下來安撫自己，讓自己回到一個比較平靜的狀態後，才能去判斷事情的輕重緩急，做出比較清楚的表達。

「萬人迷」原型常常以一種想要「好好表現」的欲望來展現，使我們忽略了那背後更強大的感受，其實是對人群的恐懼和不安。就像上述例子中的世航，後來在校方的安排下，接受了輔導人員的諮詢，幾次談話後，世航意識到那句「淺薄」的形容，其實也是他內心深處對自己的批評；他雖然是名校畢業，但是語文能力極差，一直認為自己配不上所擁有的學位。

所以說，「萬人迷」原型是在考驗我們能否從對別人關注的執著中，找到能夠關愛自己的地方。當我們努力想要表現得像個「萬人迷」時，常常最無法真心喜歡我們的人，就是我們自己。因為，一個真正喜歡自己的人，是不會太在意別人喜不喜歡自己的。

## 面對「萬人迷」的原型陰影，可以怎麼做？

提醒自己幾個現實：

對於那些不喜歡你的人，其實你已經很難改變他們的看法，如果你堅持要這麼做，可能會白費你許多力氣。

但是你絕對可以改變對自己的看法。你可以從看見自己對事情的認真付出開始，或者去做一件你覺得值得自己欣賞、值得讓自己感到驕傲的事。

## 夥伴原型（Companion）——我怕自己不被了解！

**光明面：**渴望人我關係中的忠誠與相互的心靈交流。

**陰影面：**害怕遭受背叛，或被自我私欲影響而看不見別人的需要。

「夥伴」的光明面是對於人際忠誠的渴望，陰影面則是不被理解和遭受背叛的害怕，這個原型的核心議題在於：能否在人際關係中覺察自己的欲望，理解對方的需求，扮演一個不被自己私欲引導、能進行心靈交流的同伴角色。

在精神分析領域心理學家[2]的研究中，我們內心深處對於「夥伴」的需要，早從嬰幼兒時期就開始浮現了。首先，是連話都不會講、路也不會走的嬰兒時期，我們內心會有一種「想要別人來主動理解我」的渴望，非關語言交流，就僅僅是氛圍的流動，「你」便能夠知道「我」此時此刻的想望。再來，等到會走路了，開始接觸外面的世界，我們心裡對於陌生事物既好奇又恐慌，需要有一個人鼓勵我往外走，但在我想要回來時，又能確定「你」會在那裡等著「我」。

2 此概念出自於Mahler, M. S.(1967). *On Human Symbiosis and the Vicissitudes of Individuation*. Journal of the American Psychoanalytic Association, 15:740-763.

是的，這是嬰幼兒對於照顧者（大部分指的是「母親」）的期待，所以心理學家才說：在成長過程中，每個人都需要一個夠好的夥伴（照顧者／母親），能夠陪伴我們度過那些想要共生、又渴望分離的階段。

這種對於忠誠、被人理解與理解他人的心靈交流的渴望，便是「夥伴」的原型。

既然「夥伴」原型在心理層面上，呈現一種對於「忠誠」的渴望；我們自然也能理解，「夥伴」原型的陰影面，則是一種對於「背叛」（不忠誠）的害怕。

人際關係是由兩人以上所共同組成的，裡頭當然不會只有「我」的欲望存在而已，也有「你」的欲望和「他」的欲望。當許許多多來自不同個體的欲望被擺放在同一個關係時，「誰的欲望比較重要？」就變成一個相當重要的議題。欲望與欲望的對峙和角逐，常常讓我們無意識地得去面對「放棄自己的欲望」還是「罔顧他人欲望」的掙扎。而這種掙扎的矛盾感，早在嬰幼兒時期就開始了。當我們沒法確認自己能夠忠誠地看見別人的渴望時，便也無法相信別人能忠誠地看見我的渴望。

來看看下面幾個例子。

嘉勝喜歡聽古典音樂，但他的太太卻嫌古典音樂有一種死氣沉沉的感覺。每次聽到太太這麼說，嘉勝就忍不住翻白眼，一方面覺得太太沒有欣賞音樂的氣質，一方面又氣太太不願意花時間去參與自己的興趣。可是為了怕傷害太太的心，嘉勝始終沒把這份心思表達給太太知道，只是暗自生悶氣，度過那些被太太數落的時刻。

淑均和惠馨是辦公室裡的一對手帕交，兩人認識已久，靠淑均引薦，惠馨才進來公司工作。後來部門來了一位新同事，穿著打扮和惠馨的品味十分類似，惠馨也很自然地和新同事越走越近。淑均每次看到惠馨和新同事有說有笑，心裡就很不是滋味，即便淑均也有固定交往的男朋友，但她就是有種被惠馨背叛的感覺。

最近公司舉辦員工旅遊，淑均突然在表單上發現惠馨和新同事約好住同一間房，心裡一股怒氣沖上來，便跑去質問惠馨說：「以前不是都我們倆一起住嗎？妳這次要和別人住，難道不用先通知我？」惠馨對淑均的質問感到有些冤枉，對淑均說：「我以為妳會和上次一樣，和妳男朋友住一間房？」

不管惠馨怎麼解釋，淑均始終難以釋懷。

瑞敏經常參加一些心靈成長課程，每次聽完講師的授課內容，瑞敏就會覺得自己的父母實在不夠好，不是一對可以接納她情緒的好父母，也沒有足夠的包容度能允許她過自由自在的生活，她對這樣的父母總有許多怨氣。

某堂課中，有位老師問瑞敏，聽起來她很渴望和父母有更多的靠近，那麼，她是否主動向父母表達過這個心願呢？瑞敏突然一愣，老師說的問題她真的從來沒想過。在她心目中，為人父母的不就是要「主動」去和孩子交流嗎？怎麼會是孩子「反過來」主動去做這件事呢？

瑞敏實在想不通，就去請教老師這個問題。

老師這樣回答：「當我們連十幾歲都還不到的時候，自然是父母主動去了解孩子的責任大一些，因為父母的智力和生活經驗都在孩子之上。但是……」老師反問瑞敏：「妳有沒有想過，自己是從什麼時候開始，已經覺得自己懂得一些父母不懂的東西？」

欸，好像蠻早的，可能從上大學就開始了。

老師又說：「妳都開始懂得父母不懂的東西了，不就該換成妳要去跟父母分享妳會的東西嗎？新世代的年輕人不教老人家一些新東西，難道還要期待老人家來告訴你們已經過時的觀念？」

最後，老師留下一句讓瑞敏頭痛的結論：「我們老是說父母是不夠好的父母，卻很少去想，其實我們可能也是不夠好的子女啊！」

上述幾個例子時常在日常生活中出現，不論是哪一種類型的親密關係，只要關係開始出現不平衡的感受，就可能挑戰到我們內心的「夥伴」原型，喚醒那些不被好好對待的恐懼感。

然而，從這些例子中，也可以發現「夥伴」原型背後最需要我們覺察的意義：關係是雙向的，人也是互相的。在人際關係中，我們不自覺地會陷入一種要去檢視別人有無好好對待自己的困境，卻讓我們忘了一件更重要的事——想要有個心靈交流的好夥伴，自己也得學習去當個能夠理解別人的好夥伴。

## 面對「夥伴」的原型陰影，可以怎麼做？

想一想，在你日常生活的關係中，有哪些人會讓你出現不被他了解、或擔心他對你不夠真誠的感覺？

以角色交換的假想來思考對方的立場，如果你是他的話，你怎麼看待你們兩人的關係？你覺得你對他有如你期待般的理解和忠誠嗎？

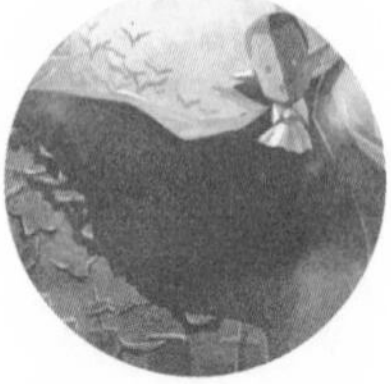

## 吸血鬼原型（Vampire）——我怕失去你，我就變得沒有價值！

**光明面：**對於危險關係的覺察，並把握機會從中跳脫出來。
**陰影面：**從別人身上吸取養分直到榨乾對方，而陷入複雜的人我關係。

「吸血鬼」原型的核心議題在於：能否覺察自己可能處於一種「壓榨他人」以獲取養分的狀態，而當我們無意識地如此對待他人，也可能同時容許別人這麼對待我。

「吸血鬼」這個角色常常出現在許多小說和電影中，若將各種說法整合，不外乎有幾個特徵：第一，是一種死不了的非生物體，不是真正的人類，比較像不死的活屍；第二，長著別人可能看不見的尖牙，能藉此把人吸住不放，直到對方元氣殆盡為止；第三，臉色常常又青又白，體質其實相當虛弱，所以需要倚靠吸取別人元氣來維生。

「吸血鬼」原型的心理意涵，正象徵我們期待從別人身上汲取養分，甚至為了自己精神上的需要，而想要榨乾他人的那一面。如同「吸血鬼」的特質，一旦發現自己渴望的目標就會緊抓不放，沒法如願時便會感到自己十分虛弱。「吸血鬼」原型特別容易在人際關係中被啟動，明明已經覺察到關係的岌岌可危，卻寧願處於抱怨中不肯放手，過著一日一日逐漸耗費生命力的日子。

深入一點來看，什麼樣的心理陰影，會造成這種無意識地要去榨乾別人的特質呢？最常見的原因是，我們的精神世界面臨一種如同「吸血鬼」般的活屍狀態，找不到自己精神心靈的主體性，彷彿內在有一個深不見底的神祕黑洞，把我們的生活經驗都真空抽離，以致無法從日常行事中感受到實在活著的快樂。所以我們無意識地去掐著別人，拿別人的血肉來溫熱自己的身軀，但事實上，這種方法卻沒辦法使我們成為一個真正的活人。

精神世界缺乏自我的主體性是怎麼發生的？通常和我們長期以來與他人相處的方式有關。比方說，在成長的過程中，常常覺得自己需要去滿足別人的期待，不容許自己讓別人失望，或者過度擔憂自己達不到父母要求時會受到嚴厲的懲罰……，當我們長久處在這種狀態下，心裡面那個真正的「我」，可以生存的空間就變得非常狹窄，只好無意識地從周圍的人身上吸取可以壯大自我的養分，卻也不知不覺地壓縮別人內在的生存空間。

然而，覺察自己內心深處存在的「吸血鬼」原型，也有相當的重要性，因為當這原型被啟動時，我們不只會無意識地壓榨他人，也可能無意識地容許別人這樣來壓榨我，以致容易陷入一種依賴與被依賴的、複雜的關係漩渦當中。來看看下面的例子。

昱陽是個體貼的人，當初他在追求女友時，曾經為了出車禍在家養傷的女友，請了兩週的假去照顧她，幾乎把整年的休假一次花光，也絲毫沒有怨言。女友覺得這輩子不會再有人對她這麼好了，決定把自己的終身託付給昱陽，兩人論及婚嫁。

直到開始籌備婚禮後，女友才感受到胸口上有股被人壓迫的感覺。

首先，是看婚紗那天，女友看上了一件側面開高叉的白色晚禮服，問昱陽是否喜歡？昱陽一直皺著眉頭，卻不肯明確表態。女友因為太喜歡這件禮服了，看昱陽既然沒有反對，就直接下訂了，誰知昱陽就這樣鬧了一個禮拜的彆扭，直到女友把這件禮服退訂後才轉喜。

再來，就是各種大大小小的婚禮細節，昱陽嘴上說自己要包辦所有雜事，不讓女友煩心，女友卻常在上班時間接到昱陽的電話，詢問：喜帖燙金色的好不好？菜色要海鮮還是牛肉？……。女友工作忙，只要一不小心漏接昱陽的來電，就會收到一連串狂 call 的訊息。

女友開始覺得，這個男人雖然對她好，但如果沒有給他同等熱情的回應，就會受到一種精神上的虐待。於是幾經思索，女友決定和昱陽分手。

用情至深的昱陽怎可能輕易和女友解除婚約呢？從女友提出分手後，他就緊迫盯人地時時刻刻打電話給女友，三不五時地出現在女友平時往來的路線，苦苦哀求要復合。

女友從心疼轉為煩躁，還有對昱陽的害怕，最終，她拿著自己被昱陽騷擾的證據去報警。

「我不能沒有她，我真的不能沒有她。」警察來勸誡昱陽時，他嘴裡還唸唸有詞：「我對她這麼好，她怎麼可以這樣對我？」

因為始終將關注的焦點放在女友身上，昱陽沒有覺察到，自己在這樣的關係中其實過得並不快樂；缺乏對痛苦根源的覺察，他當然也就體會不到，原來自己和別人一樣，也害怕無法呼吸的感覺，也都需要自由。所以，女友的離開對昱陽來說其實有很大的意義，讓他在痛苦中不得不去面對自己帶給別人的壓迫感，以及他曾經容許別人也這樣壓迫他。

覺察痛苦往往是邁向自由的開始，經過對自己內心深處的覺察，昱陽才發現自己不知不覺地將「愛」定義為一種關係的捆綁；而面對無法捆綁對方的關係，他心裡就會感到恐慌。

目前昱陽還在進行他的自我修復歷程，他說，等他真正學會相信「不用捆綁對方的關係，也是一種愛」時，他想要好好地談一場不再捆綁對方的戀愛。

## 面對「吸血鬼」的原型陰影，可以怎麼做？

想一想，在你日常生活的關係中，有哪些人會引發你特別強大的渴望？當這種渴望出現的時候，你會做出什麼樣的行為？哪些行為是你做了以後，自己也會覺得不開心的？（反向思考：對方做了什麼會讓你覺得不開心？）

再想一想，這些關係中讓彼此都不開心的感覺，為何會重複出現？對你的意義是什麼？如果你是他的話，你又怎麼看待這些行為？你覺得這些行為如果持續下去，對你們的關係會造成什麼影響？

請從這些行為中挑選一項，做為你想要改善的目標，並在你和別人的相處中盡量減少這件事出現的比例。當你下次再出現這種衝動時，請深呼吸並提醒自己：「其實我並不想這麼做。」「這不是我的本意。」

## 上癮者原型（Addict）——我怕失去自我控制力！

**光明面：**從某些具有負面影響的欲望中跳脫出來，找回心靈自由。

**陰影面：**沉迷於受到欲望捆綁的狀態，和真實的自己越離越遠。

「上癮者」原型所面臨的核心議題，在於我們能否將沉淪在某些關係和物質中的自我，重新拯救回來，找回心靈的自由。

什麼是「癮」？簡單來說，就是一種對於特定人事物的執著；而「上癮者」指的就是那些執著於特定事物或關係的人們。從心理學來解讀，「上癮者」如果在他們想要時沒辦法得到渴求的東西，就會產生某些生理或心理上的不適感，使他們無法正常地過生活。

在心理層面上，「上癮者」原型象徵我們對於外在事物的沉迷，以致在這種對外在物質或關係的迷戀中，喪失了自己在精神世界的主控性，因此可能無意識地賦予他人凌駕於自我之上的主導權，自己卻不知不覺地迷失在那些外在喜好的癖性當中。於是，我們的快樂與滿足與否，都變成不是自己可以決定和掌握的。

所以說，「上癮者」原型可能帶來一種害怕失控的焦慮感，使我們在恐懼下不願誠實地去面對自己內心的感受，逐漸和真實的自我脫節。

從心理分析的角度來看，「上癮者」原型的浮現不見得是一件壞事，因為那些會形成內心癖好的事物，往往和我們過去的生命經驗有相當程度的連結。換句話說，「癮」的存在，或許是為了讓我們有機會去超越那些已經不符合現實生活的「癖好」。當我們能從「上癮者」原型中跳脫出來，心靈就會獲得一種前所未有的、自由的力量，而這樣的例子在生活中還真不少。

育澤喜歡談戀愛時，和戀人躺在早晨陽光灑進被窩裡的感覺，讓他一點都不想起床。戀人和他分手後，他每天都因為思念這份已經失去的眷戀，而激動地跑到舊情人的家門口，使勁力氣用拳頭捶牆壁。比起和他談戀愛的這個「戀人」，更令育澤焦慮的，其實是那種床上互相擁抱的感覺在分手後蕩然無存。

子瑜有個難以啟齒的祕密，就是她很喜歡坐在馬桶上吃東西，這份痴迷已經到了沒坐上馬桶就沒什麼食慾的狀態。這個習慣大約在她十五、六歲時就開始出現，當年子瑜是個國中生，正在準備高中聯考，父母對於子瑜的聯考成績期待很高，對子瑜的管教也非常嚴格。

子瑜生活過得緊張，便祕的狀況也出現了，讓子瑜總要花好多時間坐在馬桶上。即便如此，子瑜怕成績不好，連上廁所的時間都分秒利用，一下念國文、一下讀英文，誰知道結果卻讓她的「便意」更加減退，常常肚子硬邦邦地痛得不得了。所以子瑜只好拿著優酪乳進廁所喝，果然有效！從此以後，她就養成拿食物進廁所去吃的習慣，邊吃邊拉，邊享受硬邦邦的肚子變得鬆軟後的快感。

這個習慣一直延續到子瑜成年，到她進入社會成為一個工作者，當然，也成為她說不出口的「癮疾」。

「癮」的心理意涵，是一種對於自我的習慣性壓抑，因為害怕生活失序，某些儀式化的行為就被發展出來，幫助我們控制自己。所有「癮」的執著背後，都連結著一段故事，需要透過對這些過去脈絡的覺察，來意識到我們是用什麼樣的方式在限制自己的自由。

比如上述案例中的育澤，讓自己陷在分手的情緒中，就不用去面對自己和分手情人可能並不適配的事實，以及需要跨出腳步去建立新的親密關係的恐慌。又如案例中的子瑜，不斷重複著青春期「馬桶配食物」的癖好，又豈不是在反覆地給自己一個機會，重新找回可以離開「馬桶」、到別處去進食的動力呢？

我們時常誤以為，某些不愉快回憶的無法忘記，某些不想做的慣性行為又重複發生，就代表我們始終無法走出痛苦。但以當代心理分析的觀點，重複發生的慣性行為，是為了讓我們看見過去曾經痛苦的自己。看見了才有機會疼惜他，然後從自我關愛的過程中發現新的力量。

## 面對「上癮者」的原型陰影，可以怎麼做？

檢視一下，你的日常生活中有沒有「癮」的存在？

如果說，每種「癮」的背後都連結著一種焦慮、一段故事，那麼你的焦慮和故事會是什麼？

你可以試著為自己的「癮」命名，如果「它」會說話的話，它會怎麼訴說自己出生的故事？

分析你的「癮」是否該做一些調整，讓你對「它」的存在感到更舒服？如果是的話，下次它出現的時候，你覺得自己可以怎麼做？

## 賭徒原型（Gambler）——我怕沒有時間完成自己的心願！

**光明面：**判斷那些面臨危機時刻的直覺，讓心靈脫離急功好利的危險。

**陰影面：**沉迷於短期收獲的成效無可自拔，失去耐性和道德判斷。

「賭徒」原型暗藏著一種對於時間流逝的恐懼和焦慮，核心議題在於：能否善用自己的直覺去判斷面臨危機的時刻，懂得在適當的時機，讓心靈脫離對於短期成效的迷戀，避免陷入急功近利的狀態。

諾丁漢特倫特大學（Nottingham Trent University）的一名心理學家馬克・格里菲斯（Mark Griffith）做了一項有趣的研究：他對五千五百名賭徒進行調查，去了解他們參與賭博背後的動機是什麼。研究結果出爐，除了「賺大錢」這個期待外，賭徒們也因為「覺得賭博很有趣」和「賭博會令人情緒亢奮」而成為賭徒。

為什麼「賭博」會讓人感到有趣？史丹福大學的研究者斯里達・那拉亞南（Sridhar Narayanan）說：雖然人們很清楚，在賭博中，賠錢比贏錢的機率更大，但是人們對於「小輸」並無太大的痛感，而只要有「小贏」就能有滿足感，甚至在短時間內，「賠錢」還能引發賭徒對於「贏錢」的期待感，所以當「贏錢」時刻來臨時，他們會覺得精神亢奮、通體舒暢。

換句話說，「賭徒」的心境，就是一種活在自己的直覺當中，「花錢買快感」的狀態。

從心理層面來看，「賭徒」原型的內涵，也象徵著我們心底那份「想要在自己的直覺感中孤注一擲」的願望，用一種快頻率的步調，期望在短時間內能夠看到結果。所以當「賭徒」原型被啟動時，我們的個性會變得比較急，比較無法忍受等待，有時甚至會鋌而走險去做一些違背良心的舉動；也容易被似乎可以在短時間內收到成效的事物給吸引，或是當等待時間太長時，就頻頻更換自己有熱情的事物，以至於陷入一種急躁的狀態，因為三分鐘熱度而導致事無所成的沮喪感。

「賭徒」原型的心理陰影，就是太過迷戀於「想要贏」的亢奮感，而拒絕時間的醞釀、鋪陳與等待，久而久之，就變得不願意透過腳踏實地的努力來獲取成功。因此，當挫敗感來襲時，也特別容易歸因為「我的運氣太差」，而進入一個身心皆被失敗經驗給緊緊纏繞的低迷狀態。

不過，「賭徒」原型當然也有他存在的正向價值。這個原型啟動時，會帶給我們「果斷」的特質，在心理上比較能夠承擔未知的壓力；而「賭徒」原型中的「直覺」特質，也引導我們去覺察那些具有危險的時刻，就像真正的賭博一樣，為自己設下賭局的停損點。

來看看下面的例子。

書涵是個小資族[3]，薪水雖然不高，但她很努力地工作掙錢，來換取自己想要的生活。

某天，書涵換了一位新主管，主管做人海派，常常在外面交際應酬，領回來的發票就由書涵負責報賬。

這天，主管的祕書又送來了一疊發票，書涵翻開裡面的細目資料，驚訝得不得了，因為其中許多項目明顯來自主管的私人購物行程，連小孩上學用的減壓肩帶都列在上頭。書涵忍不住多問了祕書一句，祕書回她：「妳幹嘛多事，大家都是這麼搞的，有什麼好大驚小怪的？」

隨著待在公司越久，書涵就發現越多那些賬務背後的祕密。她開始對自己長時間以來辛勤工作、老實賺取每一分錢的行為感到不值。對她來說，整個組織彷彿是個龐大的共犯結構，身在其中的她，卻渺小地連為此發言的權力也沒有。

幾年之後，書涵也成了一名會報上私人賬務的基層主管，但她心裡無意識地感到不安與不快樂，覺得自己好像變成一個違背初衷的人。果然，沒多久後，書涵的公司被某大企業給併購，新來的大老闆帶著會計師查看了過去的所有賬冊，就將大部分的員工給遣散了。

遭受資遣的名單中，書涵也是其中一員。她感到有些後悔，如果她當初能堅持自己的想法該有多好？但是她又有些慶幸，脫離了那種投機取巧的工作環境，她又可以重新回到最初的自己了。

如同書涵的例子，我們常常會用時間和年歲來衡量自己所該有的成就，就像孔子說的「三十而立，四十而不惑，五十而知天命……」，又何嘗不是一種因為時間焦慮感而被我們所信仰著的道理？

「賭徒」原型正是在提醒我們：去觀察，以及尊重自己的時間步調，制定出適合自己的生命流程，然後明白，每個人的生涯時間表都是獨一無二的。

## 面對「賭徒」的原型陰影，可以怎麼做？

回顧你過去生命中所發生過的危機和困難，彼此之間有沒有什麼樣的共通點？有哪些困境是和你對時間的焦慮感有關的？

檢視一下，你在訂定各種生涯目標時，都給自己多少實現目標的時間？你也可以問一問周圍的朋友，他們都給自己多少實現生涯目標的時間？

建立你自己的「生命旅程表」，合理地寫下你十年內想要完成的目標。

3 一九九〇年代左右開始流行於中國的名詞，原為小資產階級的簡稱，一般多為年輕的都市白領。

## 享樂者原型（Enjoyer）——我怕不能做自己喜歡的事，怕失去自由！

**光明面：**能夠享受生命中美好的事物，並將此轉為正能量。

**陰影面：**將自己的快樂，建築在別人的痛苦上。

「享樂者」的光明面是開心和自由，陰影面則是遇到阻礙自己開心和自由的人事物時，可能無意識地浮現出攻擊性。這個原型的核心議題在於：能否跳脫那些需要傷害自己或他人來達成快樂生活的時刻，不要將自己的快樂建築在別人的痛苦上。

如果要用一句話來形容「享樂者」原型，大概就是那句老話：「只要我喜歡，有什麼不可以？」這是一種趨近快樂、逃避痛苦，非常傾聽自己內心欲望的狀態。當「享樂者」原型佔據我們內心時，我們往往很能去享受那些帶給生命美好的事物，並且將這種美好的感覺轉化為生活中的正向能量，進而引導我們去創造更多美麗的事物。

然而，除了創造美好的這個面向，「享樂者」原型也有過於放縱自我、逃避痛苦的另一面。在這種狀態的驅動下，我們可能無意識地為了自己的歡樂而去犧牲別人，或是為了追求歡樂而傷害自己的健康，以至於我們無法用一種較隨性灑脫的態度去面對「快樂」這件事，而不自覺地透過一些手段來取得它。

我們來看看下面的例子。

博霖是個情緒化的人，他常常前一分鐘才笑容滿面地對同事說話，下一刻卻突然不高興地拍桌走人。對於博霖的這點毛病，同事們都感到相當傻眼。於是，辦公室裡開始有些耳語傳出，說博霖個性大牌又難搞，還有人說，他這種脾氣就像幼稚園小朋友一樣。

私底下，博霖對自己的老毛病也相當懊惱，很多時候，他明明不想對別人凶，但就在他還沒意會過來時，胸口已經感受到一陣憤怒，傳遞到他四肢的末梢神經，讓他感覺臉紅脖子粗，外加口乾舌燥，「啪！」地一聲拍桌，運動神經快得連他自己也反應不過來。面對尷尬的局面，他只好逃離現場，沒臉留下來承擔自己搞砸的人際關係。

博霖覺得這樣的自己和父親的脾氣頗為相像。在那個他還沒有自主權的童年時光裡，父親的心情就像家中的氣象台：父親心情好，一家和樂；父親心情不好，全家就倒大霉了。在這樣的環境下長大，很多時候，博霖必須要壓抑自己的快樂，去成就父親的快樂，所以長大後的他，也彷彿希望別人來成就他的快樂。

博霖心裡有一套連他自己都說不出來的期待，如果和別人相處的模式是朝他所期待的方向發展，他就像個說什麼都好的隨和朋友；但如果別人釋放出不願順從他期待的訊息，他的情緒就會「轟」一聲地炸開，出口威脅別人，直到事情如他所願為止。就像那天，博霖感冒去看醫生，櫃檯坐了個不熟悉他的護士小姐，沒像平常一樣給他看病的優先順位，他等了一會兒，終於忍不住出口指責櫃檯的護理人員。

類似博霖的例子非常多。很多人覺察到自己正在重複某些家庭中不愉快的行為模式後，對於自己無法改變現況而感到挫折，總而言之，就是一種「明明知道，卻改不了」的無力感。

然而，在臨床工作的經驗中，我們發現「覺察」的重點並不是為了改變，而是為了擴大自己的選擇。換句話說，博霖發現自己身上有某些個性，和過去他所不喜歡的父親相仿，這並不是為了讓他馬上變成一個和父親性格不一樣的人，而是當博霖覺察到自己出現和父親相似的行為時，可以選擇做出不一樣的反應。比方說，父親從前總是無來由地生氣，卻從來不說抱歉；但當博霖此時此刻意識到自己對護理人員的態度太過差勁時，卻可以選擇向對方說對不起。

同樣是無理地發脾氣，一個誠心抱歉的舉動，就足以讓博霖成為一個不同於過去、不同於父親的人了。

## 面對「享樂者」的原型陰影，可以怎麼做？

如果把「享樂者」想像成那個內心失落的自己，你覺得他會是什麼模樣？有哪些事是你童年時最愛，而現在常常忘了要做的？有哪些事是你喜歡卻不被允許去做的？如果這世上有一個自由自在的你，想像一下，他會是什麼模樣？

再檢視一下，現實生活中的你和這個自由自在的「享樂者」模樣有什麼不同？有什麼共通點？又有什麼互相衝突的特質？

倘若要把外在的你和內在享樂的你逐步拉近，你會做些什麼調整？

## 閒聊者原型（Chatter）——我怕自己比不上別人，尤其是那些討厭的人！

**光明面：**能夠體會不被自己接受的人事物的立場，培養對世界的信任感。

**陰影面：**因為對別人嫉妒、羨慕和討厭，而參與傷害別人的評論。

「閒聊者」原型的陰影面中，藏著一種「落後別人」的恐懼感，所面臨的核心議題在於：

能否克服對他人、對世界的厭惡感，將心理上的能量轉到對自己有益處的地方。

談到「閒聊者」，很多人會聯想到「三姑六婆」。所謂「三姑」，指的是尼姑、道姑、卦姑，「六婆」則是牙婆、媒婆、師婆、虔婆、藥婆、穩婆[4]。由於古代的大家閨秀常常是大門不出、二門不邁，平時也只能等這些三姑六婆到家裡來串門子，聊聊別人的八卦而已。三姑六婆不只教人好事，也能幫忙想些壞事，比方說，像「私奔」、「上窯子」[5]這種事情，就常常是三姑六婆出的主意。演變到後來，「三姑六婆」除了意指市井上各種不同行業的女性外，更拿來比喻為喜愛搬弄他人是非的人。

所以說，「閒聊者」原型也象徵我們內心期待著參與群聊、分享八卦，甚至加入傷害他人評論的欲望。先來看看下面的例子。

瑞玉在前一個工作時，和直屬主管起了很大的衝突，最後瑞玉和直屬主管分別離開了原本的公司，各自尋求新的出路。

瑞玉個性積極，還沒離職前就開始尋覓新工作，離職後無縫接軌地進入新單位任職。進到新公司後，瑞玉突然發現周圍的新同事大多認識之前的直屬主管，她心裡浮現一種不安的感覺，於是當有人問瑞玉「妳之前是不是和那個誰誰誰一起工作」時，瑞玉總是瞬間就脫口而出：「是啊，妳知不知道她……」然後盡其可能地描述前主管的不是。

彷彿一種無意識的反應，瑞玉最後還會語重心長地告訴對方：「如果以後妳要和她合作，一定要小心一點。」

雅竺是瑞玉的其中一位新同事，自然也聽過瑞玉怎麼形容自己的前主管。有趣的是，雅竺和這位前主管其實是認識多年的老朋友，所以當她聽到瑞玉繪聲繪影的描述，總覺得和自己過去對老朋友的認識多有不同，但她在閒聊時並沒有表現出任何質疑的意見，反而是聽多了以後，雅竺心裡也逐漸浮現「對這個人要小心一點」的感受了。

在上述的例子中，瑞玉和雅竺都有一種參與閒聊的渴望。瑞玉帶著過去和前主管的衝突，「假想」前主管也會這樣對別人說她的不是，因此她搶先一步開啟閒聊，內在恐懼的是前主管會威脅到她的生存空間。

雅竺則代表了大多數的我們，因為那些被閒聊的「別人」，在「我們」的心理上引發了某種程度的張力；簡而言之，就是那些人身上具有某些「我渴望擁有」或是「我渴望排除」的特質或際遇。比方說，倘若我覺得自己長得不夠帥、不夠美，可能就會無意識地和周圍的人勾結

4 牙婆：中國古代商業交易之女性中間人；媒婆：以作媒為業的婦人；師婆：指巫婆；虔婆：妓院鴇母；藥婆：賣藥的女人；穩婆：接生婆。

5 「窯子」為中國古代低下階層的性交易場所。

起來，閒聊那個令我覺得美到刺眼的對象：「對呀，她每次都用那招，真的好喜歡裝可愛。」

「什麼?很花心喔，一天到晚換女朋友，我就知道會這樣。」

當「閒聊者」原型在我們身上被啟動時，往往代表我們心裡有一個說不出口的聲音：「我好『羨慕』、好『嫉妒』某些人噢，我巴不得自己可以像他／她那樣一帆風順、志得意滿，即使他／她真的是一個很討厭的人。」

這世上還有多少事情，能比「那些令你討厭得要命的人，卻比你還意氣風發」更讓人感到心碎呢？

所以說，「閒聊者」原型的陰影面，就是無意識地處在這種嫉妒、羨慕、討厭別人的感受中。倘若缺乏自我覺察力，這陰影就引導我們逐漸變成一個不折不扣的「三姑六婆」，將心靈世界的能量多耗費在數落他人。

然而，「閒聊者」原型的啟動其實也有正向意義，就是從這些對別人的負向感受中，嘗試去體會、觀察那些令我們討厭的人的立場；比方說：「噢，原來那個看起來很愛『裝可愛』的人，她其實不是在裝可愛，而是她面對長輩的時候心裡會害怕，聲音才會不自覺地變成那個樣子。」

最終，我們會升起對外在世界的信任感，知道所有看起來「不合理」（討厭）的事情背後，可能還有我們沒看見的「合理」邏輯，我們就不需要耗費太多力氣在憤世嫉俗上，而能把省下來的心理能量轉到自己身上，好好地去過自己的人生。

### 面對「閒聊者」的原型陰影，可以怎麼做？

意識到自己對他人的嫉妒心，以及他人權力威脅到我們生存的恐懼感，並避免對此自我責備。

再檢視一下，你對某些人感到不滿、嫉妒、怨恨的原因，並從中發現你所渴望成為的模樣，以及你所排除的自我。

嫉妒心既是人生存的本能，也是權力，然而我們需要理解的是：我可以有我的嫉妒，但我沒有資格拿我的嫉妒去傷害別人。

## 間諜原型（Spy）——我怕自己沒辦法掌控全局！

**光明面：**遵守人我分際，不逾越界限去接近引發自己熱情的人事物。

**陰影面：**偷窺別人的私密生活，侵犯他人界限而不自知。

「間諜」原型的核心議題，在於面對那些引發我們內心熱情的人事物時，能否遵守人我之間的分際，避免做出逾越人際界限的行為。

所謂「間諜」，就是類似祕密警察的概念，透過假扮潛入某些目標對象的身邊，以獲取自己想要的真相和資訊。因此，「間諜」原型也象徵我們內心的一種欲望，想要透過各種方法（手段）去窺探我所期待獲得的資訊，追求我想了解的真相。

當「間諜」原型被啟動時，常常伴隨強大的觀察力和直覺力，以及對於外在人事物的熱情。然而，當熱情過了頭，「間諜」原型也可能啟動內心深處想要「窺探」別人的欲望；面對那些引發自己興趣的人事物時，我們可能無意識地去衝撞人與人之間該守的分際，侵犯他人的界限而不自知。

重複性地要去偷窺別人私密生活的衝動，或者以散播偽裝的資訊為樂的行為，都和「間諜」原型被啟動所造成的界限不清有很大的關連。來看看下面幾個例子。

小圓在成人英語補習班認識了一位令她相當感興趣的男同學，她偷瞄對方的名牌，看見了男同學的英文名字。那天晚上，小圓在網路上花了好幾小時的時間，找到了男同學的臉書和 gmail 信箱，連男同學以前曾經參加過的抽獎活動，都被她給搜索出來了。

老鄧內在的「間諜」動力也很強大，最近他任職的單位要換上一位空降來的新主管，秉持著「知己知彼，百戰百勝」的意志力，老鄧四處打探新主管的消息，最後連這位主管曾經離過幾次婚，還有前妻的照片都被他給找著了。

最近剛談戀愛的小雲，在網路上認識了這個新男友，男友的女人緣似乎極好，讓小雲十分沒有安全感，所以她偷偷訪查男友各種通訊軟體和部落格的帳號，甚至每天偷偷觀察男友的前女友們的動態。

從心理分析的角度來解讀，「間諜」原型的心理狀態，其實和幼稚園時期的我們十分相像。心理學家[6]認為，在我們六歲之前，就有一股想要窺探父母獨處時都在做些什麼的欲望，可是當時又正值「超我」[7]發展的年紀，我們心裡害怕對事情過問太多，會惹來父母的責罰，

6 此概念出自於 Klein, M. (1928). *Early Stages of the Oedipus Conflict. In Love, Guilt and Reparation and Other Works 1921-1945.* New York: Free Press. Pp. 186-198.

因此將許多疑問吞進心裡，變成任由我們內在世界想像的祕密。換句話說，雖然我們不清楚父母之間實質關係的模樣，但總會無意識地去想像父母關係應該會是什麼模樣。

所以說，一個家庭裡頭，如果父母和孩子之間總是無法坦誠地去談一些令孩子好奇的事，「家庭祕密」在孩子的幻想中就會越變越多，而人們對於「祕密」的好奇往往是不會消失的，逐漸累積之下，就形成心底的「間諜」原型了。

面對內在的「間諜」原型，最好的方法是「坦誠」。願意坦誠地面對自己有熱情的事物，坦誠地去認識自己感興趣的人……，我們對周圍人事物的興趣和熱情，就不會因為無法公開而變得難堪。

## 面對「間諜」的原型陰影，可以怎麼做？

當心裡浮現想要窺探別人的隱私，或者想要掌控他人的欲望時，先問一問自己：我的行為是為了和這個人建立關係？還是為了破壞這段關係？覺察自己的行為，是否過分逾越界限而引起別人的不快？或者你的行為中有哪些部分是對這關係具有破壞性的？

從你想要窺探的事情中，發現自己真正想要了解的問題。想一想，有什麼方法可以更健康地幫助你，去了解真正想要接近的人事物？

## 吹牛者原型（Boaster）——我怕你們看不起我！

**光明面：**遵照自己的夢想，不因別人質疑而放棄想要前往的方向。

**陰影面：**不相信自己所說的願景，對說出口的話感到相當空虛。

「吹牛者」原型的核心議題，在於我們能否「遵從自己的心意」，即便遇到他人的質疑和譏笑，仍堅定地相信自己能夠前往想要的方向。

關於「吹牛」這個詞的由來，據說，從前的屠夫宰羊時，都會在羊腿上割一個小口，使勁

7 一九二三年，佛洛伊德提出精神的三大結構為：本我、自我與超我。其中，「本我」代表心靈深處的本能欲望，「自我」負責應對現實環境，「超我」則是我們內在的良知和道德判斷。

地往裡頭吹氣，等到羊的身體整個膨脹起來，此時只要用刀輕輕一劃，就可以很輕鬆地把羊皮整個剝開來，可是這個招數在宰牛時就不行了，因為牛身實在太大了；所以如果有人說他可以把牛皮吹起來，那簡直就是在說大話。因此，「吹牛」常常被用來形容人們說大話、愛吹噓的模樣。

在心理層面上，「吹牛者」原型展現了我們內心對自我的期待，是一種欲望，也是內心願景的投影。其實，許多成功人士身上都有這樣的原型。阿里巴巴的中國企業創辦人馬雲，曾在一九九九年對一群朋友說：「我要做世界上最大的電子商務公司！」在馬雲成為今天的馬雲之前，這句話聽起來像個白日夢，但馬雲成功後，再也沒有人敢說他這種「吹牛者」的模樣有什麼不好了。所以說，「吹牛者」原型的光明面，代表我們願意去正視自己內心的欲望，即便身旁的人會譏笑你，仍心甘情願地用時間來證明一切。

「吹牛者」原型的陰影面，則象徵我們不知不覺地去誇大現實，或者想要向別人誇耀的那一面。比方說，一個昨天晚上連續撿到三枚十元硬幣的人對你說：「我告訴你，我最近運氣超旺，昨天晚上撿到超多錢的。」因為他用了「超多錢」來形容，頓時你還以為他撿到了一整包的千元大鈔，直到知道真相才只有區區三枚十元硬幣，你不免心想：「這人說話也太誇張了吧！」

為什麼這會是「吹牛者」原型的陰影面呢？可以再拿馬雲說過的話來舉例。曾經在一場公開演講中，有人問馬雲：「當年您是如何靠著『假、大、空』（也就是『吹牛』的大陸用語）成功的呢？」馬雲說：「『吹牛』是指連自己都不相信的事情，卻要別人去相信，而我說的都是我自己相信的話，我知道你們也會慢慢相信。」所以說，當落入「吹牛者」原型的陰暗面時，會連我們自己都不相信自己所說的話，而且不光是別人覺得你說的話非常空虛，連我們自己都感到相當心虛。

那麼，為何一個人要說那種連自己都不相信的話呢？原因有三：其一，我們其實也質疑自己，不夠相信自己能成為自己想要成為的那種人，所以無意識地把自己的質疑說出來，「引誘」別人也來質疑我；其二，這些大話也有些自我安慰的功能，當我們覺得時間好像已經過去許久，可是自己還沒能達到目標時，說大話也可以安撫內心的驚慌；其三，說大話也讓我們短暫地拉近了與某些人的關係，這種舉動代表了一種渴望，希望某些重要的人能夠肯定我們。

來看看下面的例子。

盈智剛剛步入中年，環顧他周圍的朋友，大多事業有成，工作上有一定的成就，盈智覺得自己先天的聰明才智並不比朋友們差，但他的人生際遇似乎不太順遂，總覺得沒能得到和自己才華適配的身分地位。

盈智有許多夢想，但他總覺得離真正實現好像還有很長一段路，甚至不確定自己能不能等到夢想實現的那一天，所以他活得相當焦慮，對於時間不斷流逝有許多恐慌。

只是，盈智表現在別人面前的模樣完全不是如此。事實上，當他越對未來感到迷惘，就越常對身旁的人吹噓說：「我跟你說喔，最近有個案子找我……」或者對新認識的朋友說：「噢，你最近在做那個什麼的，我跟那個誰誰誰很熟，可以幫你引薦一下……」沒想到當他的朋友們湊在一起聊天時，才發現原來盈智和那個誰誰誰只是認識，根本沒有很熟，那個什麼案子也只是提一下而已，連個影子都沒有。大家就開始在背後聯合起來嘲笑盈智了。

想一想，如果你是盈智，當你感受到別人在背後嘲笑自己時，你會怎麼做呢？你會承認自己有這種誇大現實的毛病嗎？你會願意去面對這種誇大現實背後，可能是自己內在欲望還未滿足的失落感嗎？

還是，你會選擇繼續躲在那張牛皮裡，躲開所有的空虛和懊惱，然後離自己的心靈越來越遠呢？

當我們意識到自己身上的「吹牛者」原型時，常常會陷入一種既尷尬又羞恥的感覺，有時為了讓自己免於這種難受的感覺，便可能吹更大的牛皮來掩蓋自己心情上的恐慌。然而，「吹牛者」原型的本意是在喚醒我們：能夠時常停下來感受現實，評估內在的自己想要前往的適切方向。

## 面對「吹牛者」的原型陰影，可以怎麼做？

檢視一下，在你的日常生活中，有哪些對於「未來」的話，是你說出口以後，自己會感到有些不安的？這些可能就是你說得出來，但不一定相信自己做得到的事情。並且想一想，哪種情境下會令你特別容易說出這些話？

提高你的覺察力，當下次發現自己又要脫口而出這些大話時，先辨別周圍的環境與人事物是否足夠安全？如果發現環境不夠安全時，請提醒自己盡量避免說出自己不確定能做到的部分。

如果你真的有些人生夢想，請在日常生活中找到值得信任的人，並且定期和他討論這些事。

寧願思考而不願去感受的人，把感受放在黑暗中腐爛。
寧願感受而不願去思考的人，把思考放在角落裡結出網來困住蚊蟲。
當你擁抱你相反的本質，就會開始產生對事物整體的預知，因為整體分屬於一體兩面的本質，從同一個根源產出。

**榮格．《紅書》**

# 自我覺察活動．書寫練習

## 活動1：覺察「外在的我和內在的我」

理解每一個與「欲望」相關的原型後，同樣的，請你挑選出與自己內心相符的原型有哪幾個？在重新閱讀這些原型的特質與定義後，請接著畫出如頁二九二的表格，分別列出「面對現實世界的渴望」和「欲望背後的感受」，藉此整理出你對自己面對物質世界的欲望的認識；連帶地，也請一併整理當你面對內心的欲望時，會浮現什麼樣的不安與害怕？

範例請見左頁和再下一頁。

01 富翁：我喜歡精神及物質上的富足，它們令我能夠得到安全感

02 乞丐：我不喜歡伸手和家人拿錢的感覺，覺得在看他們的臉色

03 小偷：

04 萬人迷：我很難忍受別人不喜歡我或無視於我

05 夥伴：

06 吸血鬼：這個特質跟我相符的地方，僅僅在於我好像很容易感到他人對我的消耗，我基本上不會依賴他人

07 上癮者：有些事物例如遊戲、漫畫、電影，會非常令我沉迷

08 賭徒：

09 享樂者：

10 閒聊者：

11 間諜：

12 吹牛者：

| 面對現實世界的渴望 | 欲望背後的感受 |
|---|---|
| 1. 我需要金錢 | 金錢可以給我帶來安全感，讓我有餘力去經營自己的空間，不會輕易地為他人的意志而轉移。我大概很恐懼失去物質上的富足。→ 我要找一個薪水穩定的工作 |
| 2. 我需要獨處的時間 | 獨處的時間令我感到非常自在，比起獨處，在人群之中我更容易感到無所適從和孤獨。當一個人時，我可以更好地處理需要做的事情，更好地感受自我的存在。→ 我要記得提供自己獨處的機會 |
| 3. 渴望成功 | 渴求成功給我帶來的自我認同感，希望他人可以認同我。→ 我希望父親和家族能認同、肯定我 |
| 4. 如果可能的話，希望有一個靈魂上的伴侶 | 大大小小的戀愛也談過幾次，深知自己也被另一個人真實地需要過、愛過。但她們的「希望」與「我」之間的錯位，總會帶來種種問題。我應該算是一個溫柔的人，對於戀人的需求，我會盡量滿足；但同時，我又深知很多事情是我不想做的，這種斷層會帶來消耗感，最終導致裂痕的擴大。我想並不是誰的過錯，只是我或許溫柔，但究其根本，並不是一個足夠善良，而且自私的人吧。雖然對愛情、對他人以至自己總是非常失望，但如果可以，還是希望能找到可以填補我欠損的另一半吧。→ 待答問題，怎樣的「靈魂伴侶」才真的適合我？ |

## 活動2：三封「情緒之書」

先前，你已經認識了每個人心裡的「共通原型」；現在，我想邀請你為其中三者各寫一封「情書」。我想，你或許從來沒有思考過，他們的存在對你的情緒會產生什麼樣的影響。

首先，為了心裡的「受害者」，第一封信你可以這樣寫：

**「給曾經傷害我最深的XXX……」**

至於接下去會寫些什麼，就讓你的想法自由流動吧。如果你真的需要我提供一些建議的話，你可以告訴這位XXX當年曾經發生過什麼事，以及你當時的想法和感受。當然，如果你想的話，也可以罵他一頓。如果在你心裡的XXX不只一位，我也不介意你多寫幾封信。但請記得，我們現在做的是自己內心世界的功課，而不是現實世界的功課，這封信不是為了他而寫的，是為了讓你理解自己而寫的。寫完之後，請去運動、洗個熱水澡，或做其他你想做的事情，然後再回來看一遍這封信，想想自己有沒有什麼不同的想法和感受？

再來，為了心裡的「破壞分子」，第二封信你可以這樣寫：

「給我心裡那個破壞狂……」

同樣的，接下去會寫些什麼，請讓你的內心世界自由流動。我只能提供簡單的建議，比如這位破壞狂曾經做過什麼事，令你至今耿耿於懷？還有這件事對你的影響是什麼？是的，就請把這本「書寫練習」筆記，當成一位可以告解的神父或師父吧。同樣的，寫完之後，也請去做你喜歡做的事，再找時間回來閱讀它。

接著，為了心裡的「小丑」，第三封信你可以這樣寫：

「給我心裡那個需要掩飾的自己……」

你知道嗎？有時候為了生存，我們總會有些不得已，所以請在這封信中，和你現實生活中的「不得不為」好好對話。同樣的，請秉持自由書寫與不要批判的原則。寫完後，請你去做些讓你放鬆的事情，再找時間回來閱讀它。

最後，我要做一點小提醒。如果你擔心這三封信會不小心被別人看見，可以找個地方把它們埋起來，你要做成瓶中信也可以，只要不要造成汙染就好。

範例請見左頁和再下一頁。

給曾經傷害我最深的女孩：

當年我們是最棒的夥伴，我們不管做任何事情都很有默契。漸漸地我發現我想為妳做的事情越來越多，幫妳處理大小事，把所有事情都想得很周到，只希望妳可以多注意我。但是最後，妳選擇了別的女生，即使如此，我還是願意對妳付出。之後，我覺得妳視我所做的一切為理所當然，需要的時候就來找我，不需要的時候就把我踢得遠遠的，但是我卻不能沒有妳，想想當時的自己真的很悲哀。

終於我也意識到不能一直這樣下去，所以下定決心走出只有妳的世界。剛開始雖然痛苦，但是我遇到了一群朋友，有了她們的幫助，加上時間沖淡了一切，妳的存在與否對我來說已經是一件無所謂的事情了。

其實我很謝謝妳，要不是因為當年經歷了妳給我的傷害，我也不會蛻變成現在的我。現在的我很強悍，不管發生什麼事情都能撐過去，個性也不像以前那樣懦弱，也懂得保護自己了。我很喜歡也很滿意現在的自己。

給我心裡那個破壞狂：

以前的妳經常跟媽媽發生爭執，受到媽媽情緒綁架的妳，在各種言語的壓力下，沒有發洩的管道，只能獨自躲在房間的廁所裡，不斷用手掐著自己的手臂，用力到指甲都要穿過皮膚，陷進肉裡。當時只能依靠皮肉上的痛楚，來讓自己的情緒好過一點。

現在的妳已經漸漸長大，雖然在情緒緊張時，還是會用力掐著手來保持冷靜的這個習慣已經改不過來了，但是看著依舊如昨的媽媽，妳知道不能駐足不前。改變就從自己開始，看到妳很努力在改善母女關係，調整自己的應對方式，即使對方不領情，妳依舊努力忍著。將來的道路是自己走的，不會再因為別人而傷害自己了。

給我心裡那個需要掩飾的自己：

辛苦妳了，面對不喜歡的人事物，都能理性去面對，保持客觀的態度。不喜歡和人起爭執的妳，總是盡量和平地面對一切，把所有不滿往肚子裡吞，相信時間會解決一切。

但是希望妳也能適度地發洩自己的情緒，試著去相信身邊的人，去說給他們聽聽。或許過去發生過種種事情，讓妳很難輕易相信妳的家人們或朋友們，但是不要急，慢慢地去敞開自己的心吧。祝妳順利找到那個能讓妳卸下身上的刺的人。

## 活動3：寫給十年後的自己

最後，在完成這麼漫長的自我覺察之路後，請寫一封信給十年後的你。祝福你心裡頭的原型形象，在此之後可以重新得到正向的生存力量。

範例：

親愛的小雨：

或許妳已經有個喜歡的事業，美滿的家庭。但以妳的個性，一定會為兩邊做盡所有的努力，甚至可能偶爾會要忍氣吞聲。請記得有時候要把自己擺在第一順位，不然總是憋著會內傷的。適時地表達出想法是好事，可以不用這麼直接，委婉地講或許就能達到效果。

還有，要記得珍惜妳的伴侶。因為他是一位願意在妳身邊承受壓力，願意跟妳一起努力創造幸福的人。

珍惜妳的朋友們，即使他們現在各奔東西。但妳要知道他們曾經陪妳歡笑、陪妳哭，如今他們都還在妳身邊，要適時地給他們幫助。

照顧家人，他們是唯一無法背叛妳的人。記得舅舅、媽，他們在大學給妳的幫助。追求工作的卓越時，別忘了身心的健康。

祝福妳！

by 十年前的妳

尾聲

# 重組你的原型人生

如果你是跟著前面的步驟走到這兒來的，我要先恭喜你，願意扎實地走過一段自我覺察的旅程。然而我也相信，當你開始發現自己身上的原型特質後，可能會出現另外一種困擾：我知道自己是什麼樣子，那我接下來該怎麼辨呢？我身上有某些我很不喜歡的原型特質存在，又該如何是好？

首先，我想告訴大家一項非常重要的心理原則：我們之所以會為某些事情、某部分的自己或他人而感到痛苦，常常是因為那當中有某些我們不願意接受的特質。

比方說，你可能剛剛發現自己身上的「萬人迷」原型，所以對於在意別人眼光的自己感到困擾或討厭，滿心都是怎麼把這個原型特質攆出你內在的想法。無奈的是，當我們越討厭某部分的自己（或他人）時，卻常常覺得這些特質黏我黏得特別緊。於是你會發現，原來我們只能**學習和陰影和平共處，而不需要浪費時間去拒絕他**。

那麼，實際上該怎麼做呢？在越來越認識自己之後，如何進一步做到，藉由這些自我覺察來掌握自己的人生呢？

**1. 將你對「情緒陰影」的認識，進到你日常生活的覺察中。**

比方說，當你發現「萬人迷」的陰影十分困擾你，就更要去留意「萬人迷」在你生活中出現的時刻，慢慢地，你會發現這個原型特質在表現出來前，都有些前因和脈絡可循。例如，當你進入到一個團體，發現旁邊的人看起來都又厲害又迷人時，「萬人迷」陰影就會被啟動，你會開始害怕，自己在這群很厲害的人當中是卑微的、不被喜歡的。

反覆練習去覺察自己身上的原型陰影後，你看見的就不只是原型的「特質」，而是深入原型的「根源」，發掘自己生命核心的議題與恐懼。回到剛剛「萬人迷」的情境，你可能覺察到了，你的內在早認定了自己是「膚淺」的，所以只要遇上「厲害」的人，「萬人迷」原型就會衝出來保護你。那麼結論很簡單，你只要付出努力，讓自己不再膚淺就行了！

在你發現這些根源前，你光是困在情緒中都來不及，當然不會知道自己其實可以這麼做。

**2. 平常就要建立維持自己情緒穩定的管道。**

不知道大家有沒有意識到，運動、作息、營養、環境的舒適度……等等，和我們的情緒狀態有很大的關連性。我們之所以會在某些時刻情緒暴走，往往是因為早就讓自己處在一種緊繃的狀態，所以當外在事件的壓力稍有提升，對我們的情緒也會有所影響。所以無論如何，我們都要保持生活中具有一定比例的、讓自己情緒放鬆的事物，並且這個事物是你真心喜歡的，比如對有些人來說是運動，對有些人來說則是唱歌。

在我接案的經驗中，其實大部分的人都知道自己喜歡些什麼，也知道自己的生活缺少了什麼，但卻常常忘了去做那件事。所以我要先問問大家：你有多久沒有去做你打從心底喜歡的那件事了？

給大家一個建議的比例，就是**在日常生活中保留10%的興趣空間**，也就是說，最好每十天就去做一件你喜歡的事情。這件事情不用太複雜，可能只是吃個雞排、喝杯珍珠奶茶，或者上健身房、到郊外探險。總而言之，這是不同於你平常生活的嘗試，但對你的情緒穩定具有一定的效果。

另外，如果你是個情緒比較容易激動的人，可以**從「視覺」**、**「聽覺」**、**「嗅覺」**、**「觸覺」**、**「味覺」這五種感官，去尋找你最敏感的那個管道**。當找出自己的敏感管道後，就從這個面向去找一個可以隨身攜帶的、讓你在情緒激動（包括生氣和悲傷）時提醒自己要平靜下來的物品。比方說，我曾經遇過一位憂鬱的職業婦女，她告訴我，她最喜歡的是聞她幾個月大的兒子身上的奶香味；於是我請她隨身攜帶一條有兒子奶香味的毛巾，之後，只要她在公司會議前感到緊張時，就會拿出兒子的奶巾來吸上一大口，感覺到自己似乎真能放鬆了。

試著找到這項個人特殊的放鬆物品，當「情緒陰影」將你推向負面感受的深淵時，請記得拿它出來解救你自己。

**3. 系統化地思考自己想要的原型人生。**

好的，我知道這句話聽起來很抽象，所以為大家畫了下面的表格，請你照著表格說明填寫思考就可以了。

在填列下面的表格時，請盡量將五十六個原型都放進去思考。每當你在日常生活中遇到了一些挫折或困擾，就回到這個表格的思考之中。給自己一段時間做這個練習後，我想，你會發現自己的改變。

祝福。

| | 我喜歡的原型 | 我不喜歡的原型 |
|---|---|---|
| 我已經發現我擁有的原型 | 我可以怎麼運用這些原型在我未來的生涯目標中？ | 我可以怎麼駕馭這些原型，讓他們不在我生活中出來搗亂？<br>哪些朋友可以幫助我進行這件事？ |
| 我還沒發現我擁有的原型 | 我可以怎麼發展這些原型？<br>我身邊有沒有這些原型特質顯著的朋友？<br>我如何從他們身上獲得學習？ | 如果我遇到了這種原型特質的人可以怎麼反應？<br>我身邊現在有這種原型特質的人嗎？<br>我可以怎麼提醒自己，不因自己對這原型的不喜歡，影響我和這些人的相處？ |

情緒陰影：「心靈整合之父」榮格，帶你認識內在原型，享受情緒自由／許皓宜著. --初版. --臺北市：遠流,2018.01
面；　公分
ISBN 978-957-32-8193-1(平裝)
1.分析心理學 2.情緒 3.個案研究

170.181　　106023465

綠蠹魚叢書YLNA41

# 情緒陰影

**「心靈整合之父」榮格，帶你認識內在原型，享受情緒自由**

作者／許皓宜
繪圖／李如婷

資深主編／鄭祥琳
主編／林孜懃
校對協力／范雅晴
美術設計／謝佳穎
行銷企劃／鍾曼靈
出版一部總編輯暨總監／王明雪

發行人／王榮文
出版發行／遠流出版事業股份有限公司
地址／104005 台北市中山北路一段11號13樓
電話／（02）2571-0297 傳真／（02）2571-0197
郵撥／0189456-1

著作權顧問／蕭雄淋律師
2018年 1 月 7 日 初版一刷
2023年 9 月25日 初版十七刷
定價／新臺幣350元（缺頁或破損的書，請寄回更換）

ISBN 978-957-32-8193-1

遠流博識網 http://www.ylib.com E-mail: ylib@ylib.com
遠流粉絲團 https://www.facebook.com/ylibfans